唐

开放的大唐 · 外交篇

万国来朝

张琛
拜根兴 著

西　安　出　版　社
西安曲江出版传媒股份有限公司

图书在版编目（CIP）数据

开放的大唐.万国来朝：外交篇 / 张琛，拜根兴著.—西安：
西安出版社，2016.11（2019.1重印）

ISBN 978-7-5541-1912-9

Ⅰ.①开⋯ Ⅱ.①张⋯ ②拜⋯ Ⅲ.①中国历史—唐代
②外交史—中国—唐代 Ⅳ.①K242 ②D829

中国版本图书馆CIP数据核字(2016)第300330号

开放的大唐系列丛书·外交篇
Kaifang De Datang Xilie Congshu · Waijiaopian

万 国 来 朝
Wanguo Laichao

著　者：	张　琛　拜根兴
出品人：	屈炳耀
主　编：	杜文玉
策划编辑：	史鹏钊
责任编辑：	张增兰　范婷婷　任　晔
责任校对：	张爱林　陈　辉　张忝甜
装帧设计：	朱小涛　纸尚图文设计
责任印制：	宋丽娟
出　版：	西安出版社
发　行：	西安曲江出版传媒股份有限公司
	（西安曲江新区雁南五路1868号
	影视演艺大厦14层）
印　刷：	河北远涛彩色印刷有限公司
开　本：	880mm × 1230mm　1/32
印　张：	9
字　数：	120千
版　次：	2017年4月第1版
印　次：	2019年1月第3次印刷
书　号：	ISBN 978-7-5541-1912-9
定　价：	32.00元

序一

开放与融合：唐代文化的会通精神

现在读者朋友看到的这套《开放的大唐》丛书是西安市委、市政府为塑造西安城市品牌，传播西安声音，讲述西安故事所制作的《大西安印象》系列丛书中的第一套。编委会的同志希望我能为这套书写些文字，作为序言。盛情难却，撰写此文，供读者朋友们阅读这套丛书时参考。

我是做中国思想文化史研究的，这也是习近平同志提的中国优秀传统文化的重要方面。正如习近平同志所说："中华文明源远流长，蕴育了中华民族的宝贵精神品格，培育了中国人民的崇高价值追求。自强不息、厚德载物的思想，支撑着中华民族生生不息、薪火相传，今天依然是我们推进改革开放和社会主义现代化建设的强大精神力量。"西安是十三朝古都，有周秦汉唐的底蕴，在文化上可以说是积淀深厚，西安市委书记王永康同志也提出了这一点，要坚定文化自信，挖掘利用好西安的历史文化资源，担负起西安对中国文化的历史责任。

《开放的大唐》丛书对有唐一代近三百年的政治、经济、文化、生活、外交和都邑等六个方面做了介绍和解析，反映了唐代物质文化、精神文化、政治文化与制度文化的繁荣和逐渐趋于完备的过程，具有重要的学术价值和实践意义。

一、唐朝在国家制度上的创新

唐代国家政治制度的建设，体现出与前些朝代会通的特点。据陈寅恪先生研究，隋唐政治制度有三个来源：一是北魏北齐孝文帝改革后的制度；二是以梁、陈为代表的南朝后半期的政治文化；三是西魏、北周时期的个别制度。自东汉统一的中央集权解体后的三四百年间，虽有西晋短期统一，但西晋并没有政治制度上的建树。南北朝时期，南北政权在研究国家怎样才能统一的主题面前，各有对于政治制度的新见解。隋代立国，政府机构的设置多沿袭北魏，赋税体制则多采自南朝，而唐朝则是上面各方面的会通与新创造。

唐代在国家官员的选拔上，发展了隋代的科举取士制度，使寒门人才有机会进入政府部门，打破了贵族的政治垄断，使国家政治机构获得一定的活力。在经济上，唐代保护自耕农，同时提倡商业，发展对外经济、文化交流。在唐代，民族问题的处理也尽量依据平等原则，唐太宗说："自古皆贵中华、贱夷狄，朕独爱之如一。"太宗命孔颖达等人编《五经正义》，又提倡道教、佛教，允许宗教信仰在不影响国家利益的前提下发展，因而景教（唐代传入中国的基督教）、袄教、伊斯兰教和摩尼教（波斯人摩尼在公元3世纪创立的宗教）在唐代都有所传播。

在唐代，史学著作别具一格。唐代官修前朝史书有《梁书》《陈书》《北齐书》《周书》《隋书》《晋书》六种，加上李延寿私修的《南史》《北史》，共八种，占"二十四史"的三分之一。编修史书部数之多、质量之高为其他朝代所不及。杜佑还创造了一种新的史书体裁——政书体。唐中宗时由刘知几编撰的《史通》，是我国古代史学的一部划时代的文献，由此奠定了我国史学批评的基础。

唐代文学绚丽多彩。唐代建立后，大臣魏征、令狐德棻等，都要求改革六朝文风。"初唐四杰"和陈子昂为唐代文学的繁荣揭开了帷幕。盛唐时期，王维、孟浩然、高适、岑参、李白、杜甫，群星灿烂，异彩纷呈。中唐后元稹、白居易、韩愈、柳宗元又把文学传统推向一个新的高峰，形成了唐代文学又一个百花争妍的局面。

总之，唐代的盛世由贞观年间（627—650 年）开始，经高宗、武后、中宗、睿宗的过渡，到玄宗开元年间（713—742 年）达到顶峰。天宝年间（742—756 年），各种社会矛盾开始激化，到安史之乱爆发，唐朝的盛世宣告结束，经历了一百余年。

二、唐代思想文化的历史影响

唐代是中国传统社会的鼎盛时期，也是中国古代思想文化一个新的高峰期。

在唐代，儒、释、道思想融合进一步加深，为以后理学的诞生奠定了思想学术基础。唐代的佛教，已经完成了中国化的历程，异域传入中国的佛教与本土文化渗透融合，形成了不同的宗派，有代表性的包括三论宗、天台宗、唯识宗、华严宗、禅宗等，特别是中国化的禅宗获得了长足的发展。民族交融、人口迁徙和文化流变促进着文明的全面进步，提升着民族的文化创造力。从魏晋南北朝到隋代，有不少人主张在思想上融合儒教、佛教与道教，人称"三教合一"。"教"指教化，所谓"三教合一"，并非三种宗教合一，而是指三种教化的融合渗透。从南北朝时期，就有一些儒者以宽容的态度对待佛教思想，如颜之推，他称儒学为"外教"而佛学为"内教"，把儒家学说中的仁、义、礼、智、信"五常"，同佛教戒律的不杀生、不偷盗、不邪淫、不妄语、不饮酒"五戒"——对应，以儒诠佛，以佛注儒，认为儒学思想和佛学思想在内涵上具有一致性，"内外两教，本为一体"。仁对应不杀生，义对应不偷盗，礼对应不邪淫，信对应不妄语，智对应不饮酒。这开启了隋唐儒释渗透的先声。

道教在唐代具有特殊地位。由于唐朝皇室自认为是老子的后代，因而把道教列于其他宗教之上。唐高祖时，明确规定道教在三教中享有最高政治地位。唐玄宗继续提高道教的地位，神化老子，一再给老子加封，并下令各地遍建玄元皇帝庙，大量制作玄元皇帝神像，不断编造玄元皇帝降灵的神话。唐玄宗还亲自为《道德经》作注疏，将《御疏老子》及《义疏》颁示天下，并组织力量整理编辑道教典籍，在社会生活中倡导道教斋醮、推行道教乐曲等。道教由此而成为唐代政治上最显赫的宗教。唐朝统治者对道教的推崇，为道教的发展和传播提供了便利和资源。唐朝道教的学说主要见之于成玄英、王玄览、司马承祯、李筌等人的著作。

唐代的主流思想是儒学。唐初，为了适应大一统国家的政治需要，在唐太宗李世民的主持下，对汉魏以来的儒家经典进行了系统整理，形成了《五经正义》，经学进入了统一时代。《五经正义》给当时学术界提供了一个统一而规范的官方经典文献，结束了由于政治分裂而形成的南北经学分歧，成为后世科举考试中明经科的主要版本和解释依据。

在儒经文献统一的基础上，到了中唐，韩愈、李翱对儒家思想统系进行整理，吸收融汇佛学、道家的思辨方式，提出了儒家"道统"说，并对思孟学派一脉的仁政学说和心性学说进行了新的发掘，为宋代理学的诞生奠定了基础。柳宗元、刘禹锡则更多地融汇古代的思想资源，以儒学为主，继承发挥了从屈原、王充到玄、佛等各种理论，使哲学、文学、社会紧密结合，丰富和深化了儒学之道。

唐代儒学发展到中叶，就不再限于仅仅对经典的整理和文献的阐释，而是试图对儒学思想做出深度发挥。加之佛教的广泛传播，佛学的思想方法和统系观念也对儒学提出了挑战。在思想方法上，佛学以佛性论来替代儒家的修养学说；在统系观念上，佛学以祖统论来树立其正统地位。

所谓佛性，本来是指本体或本质，佛经中所说的"真如""实相""法性"等，都是佛性的不同表述。佛教在中国的传播过程中，吸取儒学中的心性概念，把外部世界的佛性和精神修养的心性结合起来，把"人皆可以为尧舜"的儒家性善观转化为"人人皆可成佛"的佛性论，甚至主张一阐提人（即断绝善根之人）都能成佛，使儒家的心性说反而成为佛性的铺垫。另外，佛学中的唯心思辨方法也对儒家的经验理性形成了冲击。所谓祖统，是指佛教中的传承关系。尤其是禅宗，构建了从达摩到慧能的中国禅宗六祖统系，后由神会编造出一个达摩之前的西国八代说，到中唐僧人智炬写的《宝林传》，则以慧能的传法基地韶州曹溪宝林寺为名，构建了一个由迦叶、阿难到达摩的二十八代说。这种祖统说在唐代已经颇有影响，对增强佛教的权威性具有重大作用。在佛性论和祖统论的挑战下，儒学（如韩愈和李翱等）开始吸取新的思辨方法，对"道""理""性""情"等重要概念进行探析，提出了儒家"道统说"，开了后代理学的先声。

韩愈认为，儒家思想的发展演变有一个具体的传授谱系，即"尧以是传之舜，舜以是传之禹，禹以是传之汤，汤以是传之文、武、周公，文、武、周公传之孔子，孔子传之孟轲。轲之死，不得其传焉"。这个体系集中表达了儒学的正统意识，在观念上把政治与学术融为一体。这个谱系中的"尧、舜、禹、汤、文、武、周公"，从孔子开始到后代儒者都非常推崇，但是韩愈以前的儒者都是把这些先圣明君作为治国的典范，而没有将其列入思想的宗师。韩愈则首次把君主与孔孟在学术传承上衔接起来，完成了政治家与思想家的统一。

　　韩愈在思想文化上的另一贡献，是倡导古文运动，并以此奠定了他在文学史上的地位。在一定意义上，韩愈在文学领域比在思想领域更出名。古文是指先秦至两汉的散文，文体自由，以散行单句为主，行文灵活，表达随意。魏晋以降，在汉代赋体基础上形成了骈文，讲究对偶、声律、典故和辞藻，华而不实。所谓古文运动，就是变革汉魏六朝以来的骈体文，以恢复先秦散文为号召，进行文体改革。

韩愈提倡古文的思想内涵是"文以载道",即以古文来振兴儒学,弘扬道统。

以上我对唐代做了一些介绍,由此,读者朋友们会更好地理解为什么要编辑出版《开放的大唐》丛书。从历史中吸取经验、教训,有助于我们今天实现民族伟大复兴的理想。历史不能隔断,了解历史的目的是更好地理解我们的今天和明天。

张岂之

(西北大学名誉校长,中国思想文化史专家)

2017 年 3 月 28 日

序二

大唐盛世的辉煌历史

众所周知，唐代是我国古代历史上最为辉煌的一个历史时期，同时也是一个大转型的历史时期。被日本学者誉为"世界帝国"的隋唐王朝，在政治、经济、文化、军事等方面均创造出了辉煌的成就，无论是对外文化交流方面，还是制度文明方面，均走在了当时世界的前列。对于这一历史时期的研究，中外学术界十分重视，从不同的角度进行了深入的研究与探讨，取得了丰硕的成果，但是这些成果多为学术论著，不适合广大读者阅读，也就是说受众面比较狭窄，不能有效地发挥以史为鉴、以史资政的作用。

1300多年前，唐玄宗即位后，改年号为"开元"，从此奏响了史称"开元盛世"这一大唐最强音的序曲。他先后任用姚崇、宋璟、张嘉贞、张九龄、韩休等人为相，对政治、经济、军事和文化等进行一系列改革，使唐王朝走上了盛世之路，这一系列的创举，也对如今实现中华民族伟大复兴的中国梦具有重要意义。

2014年10月13日，中共中央政治局第十八次集体学习时，习近平主席强调，要牢记历史经验、历史教训、历史警示，为推进国家治理能力现代化提供有益借鉴。对绵延5000多年的中华文明，我们应该多一份尊重，多一份思考。

为了弥补专业学术论著的不足，为广大读者提供一套反映大唐历史文化以及时代风貌的图书，西安曲江新区党工委书记李元同志组织专家学者编撰了这套《开放的大唐》系列丛书，用通俗易懂的叙事语言，生动形象地讲述了有关大唐时代最美中国的精彩故事。这套丛书共计6册，平均每册10万字左右，各配有精美图片百余幅，努力做到图文并茂，这是此书的第一个特点。为了适应广大读者的阅读习惯，整套丛书努力做到文字简洁，流畅自然，可读性强，这是此书的第二个特点。丛书的编撰者大都是来自在陕高校和文博部门的专家学者，根据其学术专长，分别负责一册书的撰写，因此，内容丰富、知识科学、深入浅出，是此书的第三个特点。

这套丛书围绕"开放的大唐"这一主题，从政治、经济、外交、文化、生活、名城六个角度，分册讲述大唐文化，每册书的基本内容与特点如下：

《海晏河清——政治篇》，分为 4 章 23 节，对唐朝的主要制度与政治、军事活动进行了简明扼要的介绍。具体内容：政治制度，包括职官、地方行政、羁縻府州、科举、铨选、司法、考课、监察等制度；政治风云，包括贞观之治、武周革命、开元盛世、安史之乱、宪宗中兴、宦官专权、牛李党争、藩镇割据、黄巢起义等；军事制度，包括府兵制、募兵制、禁军制度、藩镇军制等；军事活动，包括北平突厥、开拓西域、东征高丽、南抚诸族等。

《仓丰廪实——经济篇》，分为 5 章 20 节，内容包括农业经济、手工业经济、商业经济、金融经济、对外贸易等许多方面。其中也包括许多经济方面的制度，如均田制、租庸调制、两税法、仓廪制度、市场管理制度等，对人口增减、水利兴修、耕地面积、粮食产量以及物价等情况，均有简要的介绍。在撰写手工业生产时，还将唐代的著名产品进行了介绍。对于中外经济交流的盛况，也有详细的介绍，不仅论述了唐朝的外贸方式，而且还分析了这种交流对促进各国经济繁荣发展的积极意义。

《万国来朝——外交篇》，共计 4 章 14 节，分初唐、盛唐、中唐、晚唐四个阶段介绍了有唐一代的外交政策及其变化情况。除了简明地介绍与唐朝交往的外国情况外，还对贡封体制下民族关系的变化以及在经济文化交流中所取得的成就进行了客观的评述。尤为可贵的是，作者还以"大唐帝国的启示"为标题，从唐代的夷狄观、包容性、开放性等三个方面评述了唐朝外交政策的特点。

《气象万千——文化篇》，分为 6 章 24 节，全面系统地介绍了唐朝所取得的光辉灿烂的文化成就，内容包括儒学、教育、史学、诗歌、传奇小说、变文、书法、绘画、乐舞、科技、宗教等方面。不仅介绍了这些方面所取得的成就，而且对其特点、风格的变化，以及中外文化交流的情况等，都有详尽的评述。对唐文化在中国文化史上的地位以及对世界文化发展的贡献，也有客观的评价。

《盛世繁华——名城篇》，共分 6 章 12 节，主要介绍了唐代几个最著名的城市，包括长安、洛阳、扬州、成都等的城市布局、坊市、建筑、景区、名人宅居等方面的情况。除了以上方面外，对每座城市的发展史以及建筑特点也有详尽的介绍。尤为可贵的是，此书还对这些名城对中国城市与世界其他城市的规划与建设方面的影响，进行了简要的介绍，充分反映了唐代在城市建设与规划方面所达到的高度与水平。

《物阜民丰——生活篇》，共分 6 章 21 节，主要内容包括服饰、化妆、织染工艺、食品、城市与乡里、住宅、道路、交通工具、馆驿、行旅风俗、节俗、娱乐等方面，全方位地反映了有唐一代各个社会阶层的生活状态，是这一历史时期人们日常生活状况的真实反映。阅读此书，不仅可以增长知识，扩大见闻，而且可以了解我国古代鼎盛时期所创造的物质文明和精神文明的全部情况，增强历史自豪感，增强文化自信。

中华文明源远流长，有关中国历史文化的论著汗牛充栋，然而目前专门以中国古代社会生活史为着眼点，尤其是系统讲述唐代社会生活的论著并不多，因此此书还具有一定的学术研究价值，对史学界传承中国传统文化，以文化人、以史资政意义重大。

这套丛书的编写与出版是一种全新的尝试，目的就在于为读者提供一套简明扼要、图文并茂、既具有科学性又具有趣味性的历史通俗读物，把学术界的研究成果从象牙塔里转移出来，使其更好地为社会生活服务，在盛唐的文字气韵中为读者讲好中国故事。当然，如果非专业的普通读者能够直接阅读学术性论著，那是最好不过的了，但是这得有一个前提条件，就是学术界产出的成果必须做到雅俗共赏，而这一点不仅国内学术界很难完全做到，即使在国外也是不多见的。在这种情况下，这套丛书的做法就不失为一种较好的方式，即着眼于"开放的大唐"这一主题，用通俗的写法讲述生活在唐代的文化样貌。这样做的效果到底如何还要经过实践的检验，也就是能够获得广大读者认可，这一点也是这套丛书编撰者所期望的。

杜文玉

（唐史学会副会长，陕西师范大学唐史研究专家）

2016 年 11 月 3 日

目 录

第一章

对外环境的变化和采取的措施

第一节　初　唐

一、唐高祖篇：隐忍以行建大唐，韬光养晦启盛世

公元618年，虽然天下还有控制东都洛阳、掌握大批原隋军精锐的王世充，控制山西北部、与突厥勾结的刘武周，控制瓦岗寨百万之众、与王世充对峙的李密，控制今河北一带、深得人心的窦建德，控制江淮一带的杜伏威等多家强大的势力反王，隋朝佞臣宇文化及还在率领数十万大军称霸一方，刚从太原进入长安不久的李渊依然接受了傀儡——隋恭帝所谓的"禅让"，登上了皇帝的宝座，史称唐高祖。唐高祖登基后立即宣布改元武德，这一年就成了武德元年，大唐近三百年的基业就此开创。

（一）晋阳行宫

隋炀帝大业十三年（617）的一个夜晚，月色如水，万物皆静静地沉睡着，寻常的平静麻痹着人们安逸的神经。然而，谁也不会想到，在这貌似静谧的氛围中，天翻地覆的大变动正悄悄地萌动。历史记载了隋朝晋阳行宫里此刻未眠的两个人：宫监裴寂与太原留守李渊。此刻他们俩正一起对酒当歌，感慨着人生几何。抛去所谓世俗官职的牵绊，李渊与裴寂算是老相识了，两人在一起自然免去了客套与拘谨，因而也放松了戒备，把酒言欢，畅聊无阻。为了招待好李渊这个老伙计，裴寂还特意安排了一些宫女前来助兴。袅袅的音乐，曼妙的舞姿，绝色的面容，那一颦一蹙摄人心魄，那回眸一笑荡漾心河。酒不醉人人自醉，李渊很快招架不住，斟着

唐高祖画像

004

美酒，合着乐声，品着美女，酩酊大醉。裴寂乘势安排两个绝色的晋阳宫女扶李渊去休息，醉酒之后的李渊稀里糊涂便与隋炀帝的两个美人发生了"一夜情"。这两个宫女是谁呢？原来，她们是隋炀帝的宫妃，即我们后来所知道的尹德妃、张婕妤二位妃子。当年隋炀帝北巡路过晋阳（今山西省太原市晋源区）时，修建了晋阳行宫。行宫设正、副宫监各一人，管理宫中事务。晋阳的地方官吏为了向隋炀帝献媚，便精心挑选许多美女献给隋炀帝，这尹、张二妃就是其中两个美人。隋炀帝在晋阳停留几日便走了，留下了这两位美人在行宫独守寂寞。

　　到了第二天，李渊睡到日上三竿才醒来，睁开眼发现身边有两个美人，吓得心惊肉跳。当得知她们两个就是晋阳宫宫妃时，更是吓得魂飞魄散，慌忙跑出了行宫，正好撞见了裴寂，就责问他为何要害自己。裴寂并没有立即回答，而是责问李渊，趁皇帝不在行宫，辱用皇帝妃子，该当何罪？李渊被裴寂责问得不知所措，六神无主地直跺脚。裴寂趁此献计让他起兵造反，这样既可以免除欺君大罪，也可以得到大隋江山，一举两得。李渊知道眼下他已经犯下滔天大罪，无法挽回，便答应起兵反隋，之后很快打到长安，夺取了天下。这可能是历史上最划算的买卖，睡了隋炀帝的女人，夺了隋炀帝的天下。李渊的母亲独孤氏与隋炀帝的母亲独孤皇后是亲姐妹，李渊与隋炀帝算是表兄弟，可在权势面前，帝王家那薄如蝉翼的亲情更经不起一丝的风吹雨打，如果隋炀帝泉下有知，该怎样去恨李渊呢？我们不得而知。

这笔划算的买卖，史书上总是把功劳归结于唐高祖的次子秦王李世民——一个德智体美劳全面发展的优质男，而李渊则是史官笔下一个只会吃喝拉撒玩的纨绔子弟。故事是这样安排的：隋末大乱，各地英雄揭竿而起，李世民压抑不住自己要称雄天下的凌云壮志，劝李渊起兵反隋，李渊都搪塞过去。李世民没办法就和裴寂定计，引蛇出洞，这就是裴寂为何要"害"李渊的原因。这不过是贞观史臣篡改史实，将李世民描述得过于强大，使得唐高祖李渊的存在感极弱。事实并非如此。牛致功先生曾在《李渊建唐史略》中为李渊平反，认为李渊早有起兵造反之心，不过是在静待时机，晋阳起兵根本就是他的主意。李渊之所以引而不发，不过是准备尚未充分，不敢表露罢了。

（二）卑辞厚礼

李渊反隋最大的心病就是突厥。当时的突厥相当于现在的美国，是个名副其实的超级大国。突厥人向北马蹄踏遍漠北地区，向西鞭指中亚诸国，权倾广阔的北方草原，拥有着势倾中原的强大军事力量。隋末战乱，群雄并起，喜欢趁火打劫的突厥人也难以按捺内心的狂喜，企图在隋末战乱中分一杯羹，他们支持各地反隋势力，想达到分而治之的目的。当时的割据势力薛举、窦建德、王世充、刘武周、梁师都、李轨、高开道等也想找个"老大"当靠山，于是都向突厥人俯首称臣，突厥可汗对他们进行册封，这样"老大"与"小弟"的关系正式确立。李渊知道自己并非群雄中的佼佼者，要想一统天下，必须与突厥结成联盟，防止其他割据势力与突厥联合，使自己陷入腹背受敌的被动境地。当刘文静向李渊提出与突厥人结交的时候，李渊顺势同意了他的建议，并派他出使突厥。刘文静给突厥始毕可汗带去了李渊的亲笔信，还有大量的奇珍异宝。李渊的亲笔信是这样写的：我想大举仁义之师，消除各地反叛势力，迎回远在扬州的皇帝杨广，重新与突厥人和亲，就像开皇年间那样。您要是能和我一起南下，恳求您不要侵扰强暴百姓。如果您想和亲，我把京师的财宝都送给您。看到李渊谦卑的书信以及大量的奇珍异宝入库，始毕可汗非常高兴，而且李渊以京师财宝作为交换条件，又正中始毕可汗的下怀，再加上扶植李渊成为割据势力恰巧符合突厥人的战略规划，突厥人很快就答应了结盟。为表示诚意，始毕可汗派出了两千骑兵助战，并送给李渊上千匹战马，由刘文静引领到太原。

游牧民族的优势在于他们的长枪快马，奔行于原野之上，倏忽如电，来去无踪，霎时间浓烟滚滚，数万铁骑齐至，顷刻间攻破城池，杀得敌人血流成河。很多时候，唐军征战还真离不开突厥人的帮忙。义宁元年（617）九月，隋将桑显和率领骁勇善战的骑兵数千人，夜袭唐军阵营，一时间唐营大乱，军心不稳，有败退的迹象。就在这时，随唐军出征的西突厥特勤史大奈亲自率领数百精兵闪电般突入到隋军的背后进行掩杀，隋军腹背受敌，军心动摇，节节溃败，唐军趁机追杀，桑显和大败。此后，在扫平西秦薛仁杲这一割据势力时，唐军同样得到了来自莫贺咄设所部东突厥兵的助阵，军心大盛，很快平定了北方的割据势力。

（三）隐忍以行

在李渊父子的辛勤努力下，各地的割据势力纷纷瓦解，李渊也在众人拥戴下当上了皇帝。也就在此时，统一大业的完成、政治意图的扩展和军事实力的整合，使唐朝与突厥发生了激烈的战略冲突。突厥可汗的意图是运用分化政策，当年对待北周和北齐那样，在中原地区扶植几个割据势力，让他们相互混战，以此来坐收渔翁之利。而李渊想要一统天下的政治意图打破了突厥人的幻想，双方开始由同盟者转变为对手。自建唐开始，突厥人一刻都没有停止过对唐朝的骚扰与攻击。

此时的唐朝刚刚建立，政局未稳，战争的创伤还没有抚平，国力比较弱，在经济实力与军事实力上都无法与突厥相抗衡。面对这种情况，李渊选择了"忍"来打发突厥人。突厥人贪财，他就不断用财宝贿赂突厥人，来维持边境的短暂和平。面对唐朝的忍辱退让，突厥人似乎不大领情，在接受唐朝求和提议的同时，仍然对唐朝进行小规模的掠夺，不断地从唐朝劫掠人口和财物，使得唐朝这个新生政权岌岌可危。不仅如此，他们派往长安的使者对唐朝皇帝也没有半点尊敬，常常使唐朝皇帝颜面尽失，飞扬跋扈的行为经常把京城搞得乌烟瘴气，人人自危。突厥始毕可汗去世后，为了表示哀悼之情，李渊亲自为他举哀，废朝三日，还让百官到突厥使者住处举哀。这种隆重礼节在古代只适用于国君，但李渊为了与新任可汗处罗搞好关系，只能这么做。这种隐忍的政策虽不能安抚突厥的狼子野心，也不能挡住突厥铁骑接二连三的进犯，但它能为唐朝元气的恢复提供时间。

随着唐朝国力的日益强盛，李渊开始调整对突厥的政策。从武德四年（621）开始，李渊对突厥的政策开始软中带硬，不再一味隐忍求和，而是通过小规模的战争求和平。李渊对突厥政策的转变，反映出当时形势的变化和双方力量的此消彼长。唐朝势力范围不断扩大，军事实力也不断增强，然而东突厥势力还保留着较为强大的军事力量，还经常主动进攻内地，边境不时发生小规模的骚扰与战争。

突厥贵族的屡次侵犯掠夺，使社会动荡，百姓流离，不利于中原地区的社会发展，因此，阻止突厥南进，保护中原生产的发展，为大规模的反攻做准备，已成为当时亟待解决的问题。战的同时又必须和，和是为了更好地战。

二、唐太宗篇：绝域降附天下平，八表无事悦圣情

（一）渭水之盟

武德九年（626）八月九日，李世民刚刚当上皇帝，踌躇满志的他想一展宏图，在属于自己的时期完成自己的期许，谁知新的危机已经悄然来临。突厥颉利可汗听说老皇帝退位、新皇帝登基了，决定给新皇帝送份"贺礼"。这份"贺礼"不是金银珠宝也不是绫罗绸缎，而是十万突厥精兵对大唐的侵犯。显然，突厥人这次出兵是要给新皇帝一个下马威。因为老皇帝李渊有自知之明，不敢与突厥人一争高下，只能委曲求全，每年给突厥可汗交"保护费"，以此换取短暂的和平。在突厥人眼中，老皇帝挺懂"规矩"，这点他们非常满意。但是，新皇帝李世民，颉利可汗早有耳闻，听说他能征善战，英明神武，不仅在汉人圈而且在突厥人中都很有威望。颉利可汗害怕新皇帝不

懂"规矩",所以要提醒提醒他。

刚刚即位的李世民听说突厥人打上门来了,不由得怒从心起,在谴责颉利可汗的同时,决定给他点颜色看看。于是,他派出自己的心腹爱将尉迟敬德迎击突厥人。尉迟敬德就是那位和秦叔宝一起被我们称为"门神"的武将。连妖魔鬼怪都怕尉迟敬德,更何况突厥人?尉迟敬德不辱使命,在泾阳(今陕西泾阳县)对突厥先头部队予以重创,歼敌1000多人。

就在泾阳战役期间,颉利可汗也派使者来到了长安。这位仁兄叫执失思力,是颉利可汗的心腹爱将,也是一位"大忽悠"。他见到李世民时,非但没有行君臣之礼,反而态度傲慢,趾高气扬地告诉李世民:"我大可汗率军百万,今天就到!"李世民在血雨腥风中摸爬滚打多年,吃的盐比他吃的饭都多,对这种忽悠人的伎俩还是有办法的。他冷冷地回答道:"我和你们可汗曾当面会盟,送给你们的金银财宝无数。你们违背约定,来侵犯我大唐土地,竟然没一点羞愧之色?虽然你是夷狄之人,也应该懂得礼义廉耻,把我国的恩情丢在一边,还敢在我的地盘上胡说八道，信口雌黄。是可忍，孰不可忍！看我今天先砍下你的人头来！"执失思力看李世民如此不甘示弱，威严自若，吓得魂飞魄散，连忙跪地求饶。李世民见执失思力服软，也没有杀他，而是把他关了起来，这等于向突厥人表明了自己的态度：尽管放马过来吧，我等着你呢。

颉利可汗本来想让执失思力吓唬一下李世民，争取更多的政治资本，却不见执失思力回营，不免有些心虚。探报明明说长安城内兵力只有几万人，唾手可得，李世民真敢拿鸡蛋与石头碰吗？颉利可汗得到的消息确实可靠。当突厥二十万大军列阵于渭水北岸的时候，长安城已经乱作一团，人心惶惶。大家心里明白，长安城内的几万守兵是抵挡不住突厥人的进攻的。在这种情况下，李世民又展现了他非凡的军事才能。李世民亲率高士廉、房玄龄等6名高级官员骑马直接前往渭水南岸，与颉利可汗隔水对话，当面斥责他的背信弃义。颉利可汗万万没想到唐朝皇帝居然敢带几个文人亲自对阵，这下更加心虚，素闻大唐秦王威名远播、战功赫赫，今天这番举动让颉利可汗不敢轻举妄动。不一会儿，唐军大部队抵达桥边，旌旗招展，铠甲明亮耀眼，遮蔽原野。此时的颉利可汗，刚刚在泾阳吃了败仗，见到唐军威武雄壮，猜想李世民是有备而来，知道胜算不多，于是便向李世民求和，李世民同意和谈。第二天，双方在渭河便桥上杀白马立誓结盟，唐政府拿出大批金银财宝作为犒赏，东突厥军队撤回。突厥人之所以退兵，除了李世民巧用心理战术之外，还因为他们得到了物质方面的满足。深入大唐腹地的突厥人，军需供给根本不能持久，鉴于长安城内兵力不足的现实，聪慧的李世民暂时采取以财物换和平的方式，用足够多的金银财宝，满足了突厥人的胃口。对于一代枭雄李世民来说，此时的权宜之计，虽然成功化解了刚刚登基就面临的外部侵袭危机，但在他的戎马生涯中，此举却难免成为萦绕他心头的一团乌云，化作渭水之盟的尴尬，多年以后，他在提及时，一直认为是"渭水之辱"。

（二）征叛伐敌

贞观四年（630）三月，草长莺飞的长安城内春意勃勃，大街小巷满是压抑了一冬的释放。鸿胪寺的大小官员在城内的大街小巷里穿梭，忙碌地为一件重大的事情做准备，幸运的他们将要见证一个伟大的历史时刻。他们要招待一大拨来自异域的客人，这些客人身份极为特殊，因为他们是来自西域和北部边疆各民族的首领，带着和平的诚意远道而来。因此鸿胪寺一点也不敢怠慢，尽自己所能提供给他们最优质的服务。这些首领都是带着任务来的，他们打算在朝堂上尊奉唐太宗为各民族的首领"天可汗"。天可汗在当时就是世界首脑，相当于现在的联合国秘书长。当他们表达来意之后，李世民大惊，说："我为大唐天子，还要处理可汗的事吗？"话刚说完，群臣和各族君长都高呼"万岁"。从此，唐太宗不仅是唐朝的皇帝，还成为各民族的天可汗。四夷酋长尊奉唐太宗为天可汗并非空穴来风，这与大唐的实力发展密切相关。贞观三年（629），一向飞扬跋扈的突厥失去了自然界的垂青，所辖地区连年遭到霜旱天灾，牲畜大量死亡，突厥人束手无策。颉利可汗为了获取更多的利益，加重了对各部的勒索，使得各部纷纷叛离。机敏的猎人不会放过任何捕获猎物的机会，运筹帷幄的唐太宗嗅到此时为进攻突厥的绝佳时机，于贞观四年（630）正月，派李靖带领十几万军队出击突厥，并活捉颉利可汗。颉利可汗恐怕是有史以来第一个被中原军队活捉的草原帝国的最高统治者。东突厥草原帝国的崩溃，使得大唐在亚洲已无对手，当时臣服于突厥的四夷酋长想借用大唐的声威，稳定地区秩序。同时唐天子在"王者视四海为一家"观念的影响下也想建立以唐帝国为绝对核心、四周邻国为卫星国的新的国际秩序，在政治利益的相互博弈之下，唐太宗很快也就成了天可汗。不仅如此，唐朝的后继统治者也被称为天可汗，自此以后唐朝皇帝作为尊贵的天可汗，可以向少数民族首领发布至尊诏令。翻阅《唐会要》，你会惊奇地发现，少数民族的可汗去世后，新首领必须由天可汗册封才算合法。作为天可汗，拥有册封之权，所谓的"册"，主要是指册命周边汗国的国王或可汗；而"封"则大多是指封赐少数民族的首领以官爵。由天子以隆重的仪式加以册封，受封者即成为唐天子之臣，要服从唐天子的命令，有接受征调的义务并效忠于唐天子；如果不承认唐天子的宗主地位，不服从唐天子的命令，会受到唐天子的惩罚。

高昌国的灭亡就是典型。高昌是一个古地名，而这是一个地处西域的汉族地方政权。寂静的时光黯淡了曾经的故事，相同的地方，如今却在诉说着吐鲁番的繁华。起初，高昌国国王麴文泰对李世民较为恭顺，高昌使者也多次朝贡表达对宗主国的敬意。贞观四年（630），麴文泰偕同夫人一起来到长安，唐太宗高规格地接待了麴文泰，还册封他的夫人为公主。就像永远无法叫醒一个装睡的人，唐太宗的恩德也并没有感化这只戈壁的小狼，随着时间的推移，麴文泰逐渐暴露出他狂傲自大的本性，对唐朝不复恭顺。先是唐太宗让麴文泰遣返留在高昌的隋末移民，麴文泰非但不听，还强行扣押了他们，引起了唐太宗的不满。接着麴文泰伙同西突厥洗劫了同是唐朝藩属国的焉耆王国的三座城池，并把城中居民尽数掳掠回国。焉耆凭自身实力难以抗衡，于是向唐朝老大哭诉。麴文泰攻打焉耆这件事对唐朝震动很大，出了这种事情唐太宗不能不作表示，否则就会让跟着大唐闯天下的国家心寒。唐太宗立即派使者前往调解，要求高昌把掳掠的焉耆人放回去。唐朝的使者到达高昌，麴文泰的立场很强硬。当使者问及攻打焉耆的动机，麴文泰的回答是："鹰飞于天，雉窜于蒿，猫游于堂，鼠安于穴，各得其所，岂不活耶！"这个回答的意思是谁也别管谁，谁也管不着谁。这显然是没有把唐太宗这个老大放在眼里。战争的阴云开始在高昌上空聚集，可叹的是，麴文泰没有能够及时意识到这一点。在他看来，高昌的天，一直都是晴朗的。贞观十三年（639），万国来唐朝贡，唯独高昌国主麴文泰缺席，这一目无君主的行为使唐太宗终于忍无可忍，决心出兵高昌。同年十二月，唐太宗命侯君集、薛万彻等率领数万大军远征高昌。即使在得知唐朝出兵的确凿消息之后，麴文泰仍然感觉高枕无忧。他说："长安离我国7000余里，其中沙漠戈壁就有2000里，那里地上没有水也没有草，唐朝大军如何能通得过？即使唐朝远征军通过不毛之地，军需供应肯定跟不上。唐朝军队自己带的粮食吃完了，就会撤兵，这时候我们再全线出击，肯定打个大胜仗。"可实际情况是，唐军很快顺利通过了那些不毛之地，到达沙漠边缘。听到这个消息的麴文泰知道大势已去，吓得大病一场，很快就病死了。麴文泰死后不久，唐军兵临高昌城下，高昌国灭亡，高昌从此纳入大唐版图。

除了以卵击石的高昌国，自作孽不可活的薛延陀汗国也走了高昌国自取灭亡的旧路。东突厥汗国灭亡后，薛延陀汗国强盛起来。贞观十五年（641），薛延陀真珠可汗夷男进攻驻牧于白道川的东突厥部众。因为此时突厥已是唐朝的臣属，在打狗还得看主人的中华传统大氛围之下，进攻突厥人就是不给唐朝面子。因此，唐太宗决定敲打敲打夷男，让他知道大唐的天威。贞观十五年（641）、二十年（646），唐太宗两次派兵攻打薛延陀，薛延陀汗国在唐朝的打击下很快就灭亡了。

"大漠风尘日色昏，红旗半卷出辕门。前军夜战洮河北，已报生擒吐谷浑。"诗人王昌龄的这首《从军行》描绘的就是唐朝军队出兵吐谷浑的故事。唐太宗时期，吐谷浑可汗伏允对他的主子李世民不恭顺，不能恪守作为臣子的本分，反而频频触犯天子的威严。他不仅不朝贡，还任意扣留大唐的使者，这嚣张的气势使唐太宗难以忍受，唐太宗决定给他点颜色看看，让他知道点厉害。贞观九年（635），唐太宗派李靖、侯君集等人带兵攻打吐谷浑，大获全胜，伏允自知难以逃脱，遂自缢而亡。不久新可汗诺曷钵即位，接受唐朝的册封，臣服于唐天子的天威，吐谷浑得以重新成为唐王朝的藩属国。

唐朝与高句丽的战争也是臣服与反臣服的斗争。贞观十六年（642），西部大人盖苏文谋反，杀掉高丽王建武，改立建武的弟弟大阳子藏为王，自立为莫离支，相当于中原王朝的丞相，专享国政。作为唐朝的藩属国，私立政权不向唐朝汇报，已表现为对唐朝的大不敬。贞观十七年（643），唐太宗遣使调停高丽与新罗的战争，劝诫盖苏文不要擅自攻打新罗，盖苏文不听。盖苏文的倒行逆施触犯了唐太宗的底线。几经准备后唐太宗于贞观十九年（645）、贞观二十一年（647）、贞观二十二年（648）三次征伐高丽，虽然没有达到最终目的，但却使得高丽国力大伤，不再有挑衅宗主国及图谋新罗的能力。

（三）羁縻政策

贞观四年（630）的四月三日，长安街头洋溢着胜利的喜悦，春花映着班师回朝的军队，满城春色却掩盖不住被押解的俘虏的绝望。这里面就有曾经不可一世的颉利可汗，而他可能是历史上唯一被擒获的少数民族的可汗。曾经的一代枭雄沦为阶下囚，场景极为凄惨。出征突厥的李靖将军要求部下善待颉利可汗，虽然颉利并没有受到皮肉之苦，但他内心的苦闷是可想而知的。想到当年随军入雁门攻打兰州，李渊卑辞求和的场景，那是何等的威风；想到当年在渭水河畔与李世民定下的白马之盟，互不侵犯，永结同心，但因为自己的一时狂妄犯下大错，导致今日的困境，是何等的失落。当队伍抵达顺天门时，远远就可以看见唐朝皇帝李世民在顺天门城楼举行受降仪式。颉利看了看威风凛凛的唐太宗，对自己的下场充满了绝望。很快，李世民召见了颉利可汗，当面数说了他背弃盟约、恃强好战、掠夺百姓等五大罪状。颉利可汗自知罪重，心中更加忐忑不安，不知道这位得胜的皇帝会如何惩罚自己。李世民又说：自从便桥会盟以来，你没有大规模入侵我大唐国土，所以我不杀你，你好自为之吧。一切出乎意料，颉利可汗感激李世民的不杀之恩，痛哭流涕。不久，唐太宗将颉利可汗一家安置在太仆寺，颐养天年。颉利死后，唐太宗按照突厥风俗实行火葬，还在灞水东面为他筑起了高大的坟墓，并让颉利的儿子终身袭其父职。

东突厥灭亡后，十多万人自东突厥归降大唐，无法安身立命，这是一个很现实的问题，必须解决好，消除不安定因素。经过大臣们的讨论，主要形成了以下几条处理意见：一是把东突厥部族拆散，分别遣送到各地，把他们从游牧民改造为耕田织布的农民；二是采取分而治之的政策，对不同的部落和种族分别任命酋长，造成各部族间势均力敌，不会再出现统一的突厥国家，无法对中原形成重大威胁；三是主张采取怀柔政策，对归附者不加歧视，保全其部落，顺从其习俗，同时教之礼仪。经过进一步讨论，最后采取温彦博的建议——实行与内地不一样的州县制，史称羁縻州制。把内迁的突厥安置在黄河以南的朔方之地（今内蒙古南部乌审旗）一带，设立顺州、祐州、化州、长州等四个羁縻州，以及定襄、云中两个都督府。投降的东突厥人在上述地区内生活，作为边境的屏障。各羁縻府州县的都护、都督、刺史、县令均由当地民族大小首领担任，官职实行终身制和世袭制。作为朝廷命官，他们享受国家固定俸禄，承担朝廷的使命，行使对辖区的管理权。羁縻州县保留原有的社会制度、生活习惯及风俗，仍以畜牧业生产为主，继续草原人那种大碗喝酒、大块吃肉的风俗传统；羁縻州、县贡赋版籍唐朝政府并不具体过问，朝廷也不会征收赋税，只是规定各羁縻府、州、县向都护府缴纳有限的财物，作为各都护府行政开支及军需给养。这样，突厥首领分别得到任用和安置，突厥风俗习惯也得到了保留，对于安抚内迁的突厥部众起到积极作用。不少内迁的突厥人住进了长安城，据统计有万户人家之多。京城内番汉杂居，番人戴汉帽，汉人穿番衣，和睦相处，热闹非凡，连当时的皇太子李承乾也经常带突厥人到皇宫去玩。这一政策不仅有利于国家统治，更促进了少数民族之间的交流。自此，突厥部众被纳入羁縻府州的统治之下。这是一种"统而不治"、以夷制夷的怀柔笼络方法，即所谓不灭其国的羁縻政策。这种羁縻政策得以很好的延续和发展。唐太宗在高昌国故地、吐谷浑故地、西域、党项、羌等地都设置了羁縻州，加强了对边疆少数民族地区的有效管辖，促进了民族大融合。

（四）和亲使命

在今甘肃省武威市城南约 20 公里的地方有个南营乡青嘴喇嘛湾。这里地处祁连山南麓，发源于天祝藏族自治县境内的冰沟河和大水河流经此地，有一座唐代公主墓坐落在青嘴湾的山冈之上。由于史料记载较少，千百年来无人知道这里埋葬着一位公主。直到清朝同治年间，公主墓才被一个姓梁的盗墓贼发现。1915年公主墓再次被盗开，当地政府进行了抢救性发掘，公主墓才得以被保护起来。

墓主人是唐代第一位和番公主——弘化公主。弘化公主出生于唐高祖武德五年（622），是唐宗室淮阳王李道明的女儿。她是一位非常美丽的姑娘，自幼受到家庭严格的教养，堪称才貌双全。她的墓志铭这样写道："诞灵帝女，秀奇质于莲波"，"姒幄承规，挺璇闺之睿敏"。她的聪明才智、风度仪表着实让人着迷。就是这样一位皇宫贵族的姑娘，在贞观十四年（640），在年仅18岁的时候就要走出重楼叠阁，离开故乡，在她的亲生父亲淮阳王李道明的护送下，远离长安，穿过西北的茫茫风沙到青海的吐谷浑王国，与当时的国王诺曷钵成婚。诺曷钵出于对大唐的礼敬，出城门20里迎接远来和亲的公主。第二天，在吐谷浑的宫里，诺曷钵倾其所有，为弘化公主按汉族礼仪举行了盛大的婚礼。弘化公主的到来，为吐谷浑带来了汉族先进的医药、种植、纺织等技术，使吐谷浑民族开始了史无前例的进化与和谐。尽管远走大漠是公主不情愿的，然而，面对丈夫的深爱和臣民的拥戴，公主渐渐地将这片蛮荒之地当成了自己的家。

据史书记载，弘化公主不仅聪明贤惠，而且胆略超群。弘化公主入嫁吐谷浑后，吐谷浑和唐朝的关系进一步密切了，而这却引起了吐谷浑国内不少大臣的不满。有一年，吐谷浑丞相宣王和他的两个弟弟密谋在祭山活动中，劫持诺曷钵和弘化公主投奔吐蕃。弘化公主得知这个消息后并没有惊慌，她飞身上马，和诺曷钵一起带着少量亲兵，连夜向鄯城（今青海省西宁市东郊）奔去，并在鄯州刺史杜凤举的帮助下一举粉碎了宣王的阴谋，吐谷浑国内很快就安定了下来。

弘化公主经历了唐太宗、唐高宗、武则天三个历史时期，多次回长安城朝拜，并为子女向大唐请求联姻，使唐朝与吐谷浑王室之间百余年中一直保持着通婚关系。唐朝统治者也非常重视这份和亲成果。唐高宗以宗室女金城县主赐嫁诺曷钵长子慕容忠，金明县主赐嫁诺曷钵次子。唐高宗为了防止吐蕃对吐谷浑的骚扰，保护吐谷浑的安全，将诺曷钵及其部众万余人安置在灵州（今宁夏中卫）一带。武则天称帝时，弘化公主被赐姓武，封为大周西平大长公主。武则天长寿三年（694），弘化公主以西平大长公主身份来朝，受到武则天的热情招待。圣历元年（698）五月，弘化公主病逝于灵州东衙私第，享年76岁。第二年，弘化公主的灵柩运抵凉州，葬于青嘴喇嘛湾——这里是青藏高原与河西走廊的交接之地，向南，是吐谷浑国；向东，则直通大唐。永憩在此，弘化公主既能时时照拂她一生为之呕心沥血的国度，也能在大漠黄沙中遥遥地望见她再也回不去的家乡……她一生为唐朝与吐谷浑发展友好关系奔波，不仅延续了和亲的使命，而且带来了双方的文化交流与民族融合，堪称和亲典范。

文成公主塑像

026

　　唐太宗时期还有一位公主为唐朝与吐蕃友好关系做出了重要的贡献，她就是文成公主。唐太宗在位期间多次对外用兵，先后平定突厥、薛延陀、回纥、高昌、焉耆、龟兹、吐谷浑等，唐朝声威远播，四方宾服，远在西藏的吐蕃臣服于大唐的天威，想与大唐建立和亲关系。贞观八年（634），松赞干布遣使长安，希望与大唐和亲，此时的唐太宗压根儿瞧不起吐蕃这个蛮夷国家，断然拒绝了和亲要求。但松赞干布并没有放弃。贞观十四年（640），松赞干布派禄东赞为使节出使唐朝请求和亲，唐太宗欣赏禄东赞的机智应变，也被松赞干布的诚意所打动，答应和亲。阎立本的《步辇图》描绘的就是唐太宗召见禄东赞的场景。

布达拉宫（摄于西藏自治区拉萨市）

图中唐太宗端坐在由六名宫女抬着的步辇上，另有数名宫女或掌华盖或持扇；禄东赞身着吐蕃民族流行的联珠纹袍，拱手向唐太宗致敬。该画生动地表现出藏族使臣的身份和其恭敬、机敏的性格特征。贞观十五年（641），唐太宗将文成公主下嫁给吐蕃赞普松赞干布。松赞干布为了表示对大唐的重视，亲往柏海（今青海玛多县）迎亲，还特意为文成公主修建了布达拉宫和小昭寺。文成公主入藏时带去了金银、珠宝、丝帛、谷物蔬菜种子、农业技术、精美的工艺品以及各种工匠艺人，还有大量经史、医药、佛典、天文历法等书籍。文成公主入藏不仅密切了唐朝与吐蕃的关系，增进了汉藏之间的友好交流，而且和松赞干布的故事至今还在汉藏民间广为流传，使汉藏人民更加水乳交融。正如陈陶诗中所写的那样："自从贵主和亲后，一半胡风似汉家。"

三、 唐高宗、武则天篇：功过论争千秋去，无字碑上遍诗文

《旧唐书》记录：仁轨遇倭兵于白江之口，四战捷，焚其舟四百艘，烟焰涨天，海水皆赤，贼众大溃。此次战争发生在唐高宗年间，起因是朝鲜那块地皮。这一仗，改变了东亚格局。

（一）东亚格局

朝韩两国位于中国大陆的东北方向，古代中国人叫它"东夷"。韩国国宝编号第八号——忠清南道扶余郡定林寺五层石塔就是众多人文景观的典型代表。它与益山弥勒寺址的石塔均被称为韩国石塔之始祖。定林寺五层石塔俗称平济塔、百济塔，高 8.33 米，由花岗岩雕砌而成，附近还有一座被推测为高宗时代雕塑的石佛坐像。每到黄昏时分，夕阳余晖映染石塔的景致美丽动人，故称"百济塔夕照"，被列为扶余八景之一。

石塔底层石碑上用楷书镌刻着"大唐平百济国碑铭"八个大字，碑底落款为"显庆五年岁在庚申八月己巳朔十五日癸未建"。熟悉历史的人会突然明白，原来这是唐朝左武卫大将军、上柱国、邢国公苏定方平百济后所刻的纪功碑，因此，这块碑又被称为《苏定方碑》《苏定方平百济塔碑铭》，记述了一代名将苏定方平百济的丰功伟绩。触摸着塔上的碑文，历史的想象力顿时把我们带回到近1400年前那个战火纷飞的年代，即唐高宗显庆五年（660）。当时，位于朝鲜半岛西南部的百济，倚仗北方高句丽的支持，多次侵犯处于半岛东南部的新罗，无奈之下新罗王金春秋只好向唐朝老大哥请求支援。高句丽、百济、新罗是朝鲜半岛上的三个国家，它们都是唐朝的附属国，高句丽、百济经常合伙欺负新罗，唐朝皇帝不断从中协调，也算相安无事。可是，百济这次侵犯新罗，即便是面对唐朝皇帝的劝和，依然不听从。唐太宗曾经亲征高句丽，而高句丽问题并未彻底解决。到了唐高宗继位，高句丽问题仍然没有解决，而百济与新罗的关系则持续恶化。面对新罗的不断求救，高宗皇帝决定对百济采取行动，让

他知道老大的厉害。于是唐高宗采用围魏救赵的方法，并没有直接为新罗解围，而是采取灭亡百济的战术，取得一石三鸟的功效。

这一回，唐高宗派去出征的主帅是左武卫大将军苏定方，副帅是新罗王子金仁问，他们分别出任神丘道大总管、副大总管。经过精密准备，他们率领十万唐军，乘坐千余艘战船从山东半岛下海，浩浩荡荡驶向百济。兵贵神速，苏定方把这一战术运用得灵活得当，唐朝军队以迅雷不及掩耳之势抵达百济熊津江口，让百济军队措手不及。显然，当时百济军队的战斗力与唐军根本不在一个重量级上，加上苏定方运筹帷幄、指挥得当，熊津口战役很快以

《祢寔进墓志盖》拓片

《祢寔进墓志铭》拓片

唐朝军队的胜利而告终。唐军势如破竹，很快打到百济都城泗沘城下，百济军队坚守不出，想以逸待劳，拖垮唐军。但是，这一战术根本难不倒苏定方。苏定方再出奇谋，命令士卒登城竖起唐军旗帜，城内官民不明白是何状况，认为城池被唐军攻克了，人心惶乱，恐惧之下，百济太子以及各城城主都出城投降。百济王的禁卫部队首领祢植也临阵倒戈，把百济王义慈献给了苏定方，从此"百济悉平"。

在唐朝历史上，祢植显然不是什么惊天动地的大人物，但是历史的机缘巧合有时候会让我们现代人感到欣喜和诧异。21世纪初，陕西省政府在建设西安大学城的时候，在位于长安区郭杜镇的工地上，竟然发现了祢寔进、祢素士、祢仁秀祖孙三代的墓葬，经拜根兴先生考证，祢寔进就是文献资料中记载的熊津首领祢植。志文记载：祢

《祢仁秀墓志铭》拓片

寔进后来为唐朝效力，成为唐朝正三品的左威卫大将军，死后葬在了高阳原。祢寔进家族墓志的出土，为探讨当年的百济遗民问题提供了新的史料。

丰富的史料告诉我们，苏定方平定百济以后，唐高宗顺势在百济境内设置了熊津、马韩、东明、金连、德安五个都督府，百济故地正式成为唐朝羁縻统治的一部分。

百济战事结束后，苏定方回朝领赏，留下郎将刘仁愿、新罗王子金仁泰带领7000余名唐罗联军在百济维持战后的稳定。可是谁知百足之虫死而不僵，苏定方回朝不久，百济地方势力组成百济复兴军，在境内开展复兴运动。唐高宗得此消息后，为了减轻刘仁愿的压力，派青州刺史刘仁轨到朝鲜半岛协助刘仁愿平定叛乱。刘仁轨到达百济后，发现唐罗留守军处境艰难，百济复兴军首领勾结倭国军队猛烈反扑，顿时形成了黑云压城城欲摧的紧张局面。面对艰难局势，刘仁轨、刘仁愿同心协力，采取坚守城池、以守待变的策略。而百济复兴军内部却矛盾重重，最终出现内讧自相残杀。

龙朔三年（663）九月，刘仁愿、刘仁轨领导的唐军在白江口（今韩国锦江入海口）遇到了前来增援百济的倭国水军，冤家路窄，一场战争一触即发。当时倭国水军出动兵力数万人，战船1000多艘；中国水军出动兵力近万人，战船170艘，兵力对比是10：7，战船对比将近10：1。虽然唐军战船在数量上处于严重劣势，但是隋唐时期我国的造船技术非常高明，船壁高而坚，设计精良，倭国的兵船与之相比，自然相形见绌。刘仁轨利用唐朝战船高大威猛的特点，以逸待劳，使倭国军队冲击唐军战阵的诡计破灭。面对当头一棒，倭军锐气顿消。刘仁轨观察天象，识得海口风势，也学三国时代周瑜火烧赤壁，结果倭国战船被熊熊大火吞噬，倭军士兵死伤殆尽，海水血染，倭军全军覆没。白江口战役可谓中日两国作为国家实体进行的第一次交战，也是目前已知东亚地区较早的一次国际性战役。唐罗联军大捷使倭国势力彻底退出了朝鲜半岛，此后近1000年间，日本不敢再出兵朝鲜半岛，东亚地区新的政治格局基本形成。此次战役之后，日本很快认识到自身的不足，敞开国门，派遣更多的遣唐使留学生，积极学习唐朝的制度文化，数百年间几乎成为唐朝的翻版模型。

大唐帝国联合新罗灭亡百济之后，下一个目标就是地处半岛北部的高句丽。说到高句丽的灭亡，我们不得不说一个人，他就是白袍将军薛仁贵。话说贞观年间，唐太宗征伐高句丽，薛仁贵随军出征，在攻打安市城的过程中，薛仁贵身着白衣，冲锋陷阵，强悍骁勇，很快引起了唐太宗的注意，被提升为右领军中郎将，人称"白袍将军"。此外，薛仁贵"三箭定天山"的故事也是家喻户晓。那是龙朔二年（662），铁勒部落（回纥前身）聚集将近10万人进犯大唐，

薛仁贵画像

薛仁贵随郑仁泰率军征讨。两军对垒之时，铁勒部几十名彪形大汉前来索战，唐军怯战，士气低落。情急之下，薛仁贵连射三箭，射杀三个彪形大汉，于是唐军士气大振，而铁勒部落则炸开了锅。唐军顺势掩杀，铁勒大败，首领也被生擒，薛仁贵由此声名大振。历史记载，发生在薛仁贵身上的还有"良策息干戈""神勇收辽东""仁征高句丽国""爱民象州城""脱帽退万敌"等故事，在民间，薛仁贵也成了勇猛与智慧的化身。

在这众多的历史传说中，"神勇收辽东"讲述的就是薛仁贵统兵灭高句丽一事。在百济被大唐帝国和新罗联合灭亡后，北方的高句丽因为失去了南面的屏障，陷入两面作战的困境。就在这个时候，执掌高句丽的莫离支泉盖苏文去世，继任的长子泉男生与其兄弟们发生内讧，投诚唐朝。唐高宗认为出征高句丽的时机已到，乾封元年（666）九月，派薛仁贵统兵出征，经过新城（今辽宁省抚顺市北高尔山城）、金山（今辽宁海城市东）、扶余（今朝鲜仁川县）、平壤（今辽宁凤城市西南）四大战役，高句丽王无力支撑，率军投降。唐高宗乘势在平壤设置了安东都护府，任命薛仁贵为安东都护，镇守他征服过的这片土地，高句丽故土也成为大唐帝国统治区的一部分。

当历史的车轮走到显庆五年（660）年和总章元年（668）年，大唐帝国联合新罗灭亡百济和高句丽之后，一连串的胜利激发了大唐皇帝的雄心，唐朝想要在高句丽、百济和新罗同时实行羁縻政策，在百济熊津城设立熊津都督府，在原高句丽都城平壤设立安东都护府，在新罗都城庆州设置鸡林州都督府。但此时新罗却认为在平定百济和高句丽过程中自己出力最多，拥有百济和高句丽故地也是势在必得，产生了直接统治百济和高句丽的想法。在双方争夺利益的过程中，长达七年的唐罗战争爆发。唐罗战争的结果是以大同江为界划分势力范围，大同江以北属于大唐帝国，大同江以南属于新罗。至此，唐朝势力退出朝鲜半岛，朝鲜半岛进入了统一的新罗时代。

与平定百济与高句丽的一路凯歌相比，大唐帝国在与弱小的新罗争夺朝鲜半岛统治权的过程中，很快退出朝鲜半岛，实在让人费解。到底发生了什么事？是什么原因让唐朝皇帝如此妥协呢？原来，这与当时大唐帝国西部边疆形势突变，吐蕃势力频繁东向有很大关系。对此，陈寅恪先生曾有过精彩论述，他认为唐高宗时代能够很快占领高句丽的原因在于高句丽内乱以及具有与新罗南北夹攻之态势。况且唐朝占领百济、高句丽之后没有采取直接统治的方式，而是实行羁縻政策，导致统治力比较薄弱。最为重要的是，当时西部吐蕃势力崛起，引发西部边疆和北部边疆一系列复杂的军事冲突出现。面对西北边疆危机，唐高宗无暇东顾，在经营朝鲜半岛的问题上不得不采取了消极的防御政策。

（二）唐蕃战争

众所周知，唐太宗贞观年间，文成公主入藏嫁给松赞干布，缔造了大唐帝国与吐蕃的友好舅甥关系。但是，当唐与吐蕃友好关系的缔造者唐太宗和松赞干布相继去世后，大唐与吐蕃在开疆拓土的战略方面发生了冲突。咸亨元年（670），吐蕃突然袭击吐谷浑，攻陷白州等十八州以及安西数镇，并把同为大唐女婿的河源郡王诺曷钵及其夫人弘化公主逐出国境。表面看来是一个藩属国攻打另一个藩属国，实则是吐蕃在与大唐帝国争夺西部与北部的控制权。因为无论是大唐帝国还是吐蕃，谁控制了吐谷浑，谁就控制了河西走廊，进而达到控制西北边疆的目的。面对如此严峻的边疆冲突，唐高宗李治当即决定，以右威卫大将军薛仁贵为逻娑道行军大总管，左卫将军郭待封为副将，领兵五万出击吐蕃。双方在大非川（今青海共和西南切吉旷原）地区作战。此战吐蕃战法比较高明，吐蕃军避实就虚，避开唐朝精锐部队，在后面断了郭待封押解的粮草辎重。唐军战略失策，被断了后勤支援后，难以支撑，在吐蕃优势兵力围困之下，大败而归。之后，吐蕃一跃成为能与大唐分庭抗礼的西部豪强，由此开启了唐朝与吐蕃的百年拉锯战。战后，吐蕃军占据了安西四镇，唐被迫撤销四镇建制，安西都护府随之迁至西州（今新疆吐鲁番），吐谷浑也被迫并入吐蕃，成为别部。薛仁贵也因为大非川战役的失败被废为庶人，此时白袍将军陷入了人生的谷底，尽管以后仍被起用，但是大非川战役的失败让当时还未意识到战争失败乃自然条件和自身实力所致的唐朝皇帝一直如鲠在喉，不吐不快。薛仁贵死后，并没有按照惯例获得陪葬唐高宗乾陵的待遇，而是被埋葬在山东嘉祥县萌山之北，孤零零地在那里向世人诉说着战败的悲凉。

就在大非川战役失败的当年，大唐国内自然灾害加剧，十月大雪，平地三尺有余，不断传出有人冻死的消息，唐高宗启动了最高紧急救援令，国力遭遇重创。就在这时，吐蕃多次派遣使臣前来求和，都遭到了唐高宗的拒绝。唐高宗坚信大唐一定会打败吐蕃，一雪前耻。但是，不适应高原地形和气候的唐军之后与吐蕃又打了几场，不幸都未获胜。仪凤三年（678），唐将李敬玄、刘审礼等与吐蕃论钦陵大战于青海湖畔，兵败后被围于承风岭，唐朝大将黑齿常之率领敢死队连夜支援才得以解围，李敬玄仓皇逃走，但副将刘审礼被俘。惨痛的教训之下，唐高宗才醒悟到唐军还没有达到在青藏高原与吐蕃争雄的水平，也不具备深入吐蕃腹地作战的能力。因此，唐高宗的对外政策发生了重要转变，由积极进攻转向消极防御。针对大唐帝国的这一对外政策的转变，唐长孺先生曾指出：仪凤以前，唐朝国力强盛，而周边诸族势力相对衰弱，唐朝处于明显的优势地位，因此对外采取的是攻势战略；在这以后，吐蕃打破了唐朝的优势，双方的力量对比发生了显著变化，唐朝的攻势战略受到挑战，逐渐转为守势。

（三）边防危机

在一个相互联系的系统中，一个很小的初始能量就可能产生一系列的连锁反应，人们把这种现象称为"多米诺骨牌效应"或"多米诺效应"。据《史记·楚世家》记载：春秋后期，吴国的边境城邑卑梁和楚国的城邑钟离一界之隔，鸡犬相闻。一天，卑梁与钟离的两个女孩一起采桑叶时，因争抢桑叶发生了口角。两家大人听说后随即赶到了出事地点，先是相互指责，既而大打出手，结果钟离的人打死了卑梁的人。为此，卑梁的百姓怒不可遏，守城的长官还带领大兵扫荡了钟离。楚平王接到钟离遭到攻击的报告后，不问曲直是非，当即调拨军队攻占了卑梁。而吴王僚对楚国领土早有觊觎之心，正愁没有进攻的借口，自然不会放过这个难得的出兵机会，于是派公子光率领大军进攻楚国。最后，吴军攻占了钟离和楚国的另一重镇居巢，历史上把它称为"卑梁之衅"。

而大唐在唐蕃战争中的失败也导致了一系列的连锁反应，唐朝的边防局势一度使唐高宗、武则天两位帝王疲于应付。在此期间发生了一系列战役，比如前文所提到的大非川战役、承风岭战役。在大唐与吐蕃的军事冲突与较量中，唐军元气大伤，这让唐高宗大伤脑筋。为了防御吐蕃随时侵扰大唐，解除吐蕃对大唐西部边疆的严重威胁，唐高宗不得不拆东墙补西墙，把原来布防在北部边境的一些兵力调往西边。不料，这样牵一发而动全身。随着北部边境用于监控、威慑突厥降户的兵马被大量调往西边疆域，都护府对突厥降户的控制力度被一步一步弱化。在这种情况之下，"百足之虫"仿佛看到了希望，突厥势力中的上层人士渐渐萌生复兴国家的念头。也就在承风岭战役唐军惨败之后的第二年，单于大都护府辖下的阿史德温傅和阿史德奉职两个部落同时叛乱，二十四州突厥酋长也群起响应，聚众数十万，打败了前来征讨的唐将萧嗣业，转而骚扰定州（今河北定县）。突厥人的叛乱诱发了北部边疆少数民族奚、契丹的叛乱，他们聚众侵扰营州（今辽宁朝阳），但后来被唐朝军队平定。然而就在此时，突厥也乘人之危，利用唐军出兵东北平叛契丹叛乱之际，向唐索取了河西和丰（今内蒙古五原南）、胜（今内蒙古托尔托克南）、灵（今宁夏宁武西南）、夏（今陕西靖边白城子）、朔（今山西朔县）、代（今山西代县）六州降户，势力范围逐渐壮大，从而确立了其在漠南地区的统治。在唐高宗去世的前一年，即永淳元年（682）十月，突厥人阿史那骨笃禄、阿史德元珍等据黑沙城（今内蒙古呼和浩特大青山北）发动第三次叛乱，先后东击契丹、北征铁勒部落，夺取漠北的乌德革建山竖立牙帐。骨笃禄复国后，又大举进攻河东地区，围攻单于都护府，杀死单于都护府司马张行师，成为大唐帝国在北部边境的最大隐患。不久之后突厥政权的建立，是唐蕃战争导致的连锁反应的最高点。

武则天执掌国政后，将精力放在与唐朝廷内部旧势力的斗争当中，对外因为与吐蕃在西域和青海

武则天画像

的战事吃紧，无法抽出足够兵力来解除来自突厥的威胁，只能任其不断发展，面对持续南犯的突厥，武则天疲于应付。西部和北部边境战事步步紧逼，契丹松漠都督李尽忠和归诚州刺史孙万荣又相互勾结，挑唆契丹部族反叛，攻陷营州（今辽宁朝阳），杀害营州都督赵文翙，东北边防告急。武则天派兵平叛，并将李尽忠改名为李尽灭，将孙万荣改名为孙万斩，一代女王面对错综复杂的边疆战事也心有余而力不足，只好以这样一种无奈的方式聊以自慰。最终契丹叛乱虽被平定，但唐朝军队死伤严重，元气大伤。然而，更为致命的是面对后突厥汗国的进攻，武则天听信谗言，杀死了边防名将黑齿常之、程务挺等人，这种自毁长城的做法，使后突厥之害愈演愈烈，形成北方最严重的边防隐患。由此可见，唐高宗后期至武则天时期，由唐蕃战争诱发的边防危机就如多米诺骨牌一样，接连发生、危机四起，使得唐朝最高统治者疲于应付。

第二节　盛　唐

　　唐玄宗时期是边镇正式确立的时期。在唐玄宗前期，由于唐玄宗的勤政，严格规划着边镇幕府的发展，使其有利于唐王朝政治的稳定，促进边境安定，扩大了唐王朝的统治基础。但随着后期唐玄宗对朝政的懈怠，渐渐难以有效地引导边镇幕府的发展，致使边镇幕府逐渐成为朝臣们争权夺利的工具，边镇幕府朝着唐统治者的对立面发展，最终与边镇节度使结为一体，使得边镇形成尾大不掉之势，最终酿成了安史之乱。

一、军镇体制

　　"骊宫高处入青云，仙乐风飘处处闻"的惬意放松了唐玄宗紧绷的神经，也让国人沉醉在盛世的无限繁华之中；"渔阳鼙鼓动地来，惊破霓裳羽衣曲"，惊醒了唐玄宗，也打破了唐人的梦。作为唐朝由盛到衰的转折点，安史之乱使大唐帝国由如日中天的顶峰跌入了残阳晚照的谷底。人们在论述这段历史的时候痛心疾首，将责任推给了

唐玄宗画像

唐玄宗以及他设置的边镇,白居易《长恨歌》第一句"汉皇重色思倾国"把安史祸乱的原因直指唐玄宗的腐化生活,而学界更多的指向唐玄宗建立的军镇制度。

唐玄宗晚年沉溺于声色,不理朝政,朝政陷于李林甫、杨国忠等权相之手,大唐正慢慢走向衰落,这种衰落就像温水煮青蛙,不会一下子从大治变成大衰而让人难以适应。安禄山起兵则是速效剂,差点要了大唐的命。大唐的催命人安禄山能够起兵反唐,一路势如破竹打进长安,吓跑唐朝皇帝,与当时的军镇兵力布置密切相关。据统计,天宝年间,唐玄宗在沿边设置的军镇有军队49万人,其中多数军队由胡族首领出任统帅。比如安禄山身兼范阳、河东、卢龙(在今河北、山西、北京、天津及河南、山东部分地区)三镇的节度使,总兵力达到18万人,成为唐朝立国以来最有权势的军将;而常年卫戍京师的军队只有8万人,军镇统帅手中的军队是朝廷直接掌控的军队的6倍。这种军事态势致使帝国内外势力失衡,外重内轻的局面出现,成为安禄山叛乱后很快能打到长安的重要原因。可以说，边镇的设置是安史之乱的罪魁祸首，因此有大唐情怀的人开始讨厌这种体制，认为唐玄宗创建边镇体制无疑是自掘坟墓。其实，边镇军区设立的初衷也是应对边疆形势的恶化而产生的。

边疆形势的恶化发生在武则天统治时期。当时突厥、契丹、渤海、吐蕃、回纥等少数民族兴起，唐王朝对边疆少数民族的控制出现弱化趋势，面对少数民族的反叛，最高统治者难以招架，只能听之任之。这说明当时建立的以都护府为主的管理体制明显不能适应边疆形势发展的需要，新的边疆应对体制会破茧而生。为了应对边境严峻的军事形势，在军事上能够"便宜行事"，唐睿宗时期就开始在边疆设立军镇，授予军镇长官很大的职权。安史之乱发生前的开元、天宝之际，一度达到十节度的规模。这十个节度使分别是：安西节度安抚保卫西域等地，有兵24000人；北庭节度防御突骑施、坚昆等，有兵20000人；河西节度防御吐蕃、突厥等，有兵73000人；朔方节度防御突厥等，有兵64700人；河东节度防御突厥等，有兵55000人；范阳节度防御奚、契丹等，有兵91400人；平卢节度镇守安抚室韦、靺鞨等，有兵 37500 人；陇右节度防备吐蕃等，有兵 75000 人；剑南节度抗击吐蕃、南抚蛮獠等，有兵 30900 人；岭南五府经略使镇抚夷、獠等，有兵 15400 人……十节度总共有兵 49 万人、马 8 万匹，完全是为了防御周边各民族设立的，目的在于保护长安、洛阳的核心区不受战争侵扰。据统计，在开元、天宝年间，唐廷与周边外族共进行了 55 次边疆战争，其中与吐蕃 6 次，与突厥 12 次，与契丹 9 次，与奚 2 次，与南诏 6 次。边疆军区都有自己的防御区，对周边战争应付自如，战争成果也是可圈可点的：大唐帝国收复被契丹蚕食的营州（今辽宁朝阳），让契丹重新归附朝廷；收复了丢失已久的碎叶镇（今吉尔吉斯斯坦托克马克市），恢复大唐在西域的威望，重新打通了丝绸之路。可以说，边疆军镇的设立与唐开元年间的社会繁荣休戚相关。唐代的一首民歌唱道："北斗七星高，哥舒夜带刀。至今窥牧马，不敢过临洮。"这是当时情况的真实写照。

二、金城公主

2006 年广仁寺组织了近 80 个人，从西安驱车赶往拉萨，接文成公主回娘家；青海的日月山和倒淌河有两座文成公主塑像，青海玉树还有文成公主庙；文成公主的出生地山东济宁也塑有文成公主像，据说正在筹建文成公主纪念地。在人类发展的历史长河中，第一个开拓者往往会名留青史，凭人瞻仰，而第二名就容易被人忽略，甚至遗忘。同是唐、蕃的和亲公主，纪念金城公主的活动就要少得多。她与文成公主一样年幼就告别父母兄妹经过万里跋涉才到吐蕃；她与文成公主一样为唐、蕃和平做出了贡献；她与文成公主一样推动了吐蕃政治文明的发展。但因为她不是第一个和亲公主，因此就很容易被人们忘却。金城公主原名李奴奴，是唐高宗与武则天的嫡亲重孙女，是唐高宗与武则天的二儿子雍王李贤的孙女，是嗣雍王李守礼的女儿。她自幼聪明可爱，深得唐中宗喜欢，便被养于宫中，视若己出，倍加呵护。景龙四年（710）正月，唐中宗命左骁卫大将军杨矩护送年仅 12 岁的金城公主入吐蕃嫁给尺带珠丹。唐中宗亲率百官渡过渭河到始平县（今陕西兴平）为公主饯行。想起公主年幼即要远嫁，唐中宗不禁唏嘘涕泣。同年二月，中宗将始平县改名为金城县，赦免当地死刑以下囚犯，免除当地百姓一年的赋税，由此可以看出唐

布达拉宫壁画《金城公主照容图》

朝对金城公主和亲何等重视。当然这绝不是普通的联姻，而是肩负着化干戈为玉帛的重大政治使命。金城公主下嫁吐蕃，换来了唐、蕃之间十几年的和平。由金城公主直接推动的唐、蕃之间的和平其实是发生在开元年间。尺带珠丹出生于武则天长安四年（704）年，与公主议亲的时候年仅4岁，迎娶公主的时候不过7岁，根本不到结婚年龄，金城公主也不过12岁，两个孩童的婚姻徒具形式，这种和亲状态促成了婚姻缔造者之间的和平协议。

维持短暂和平之后，唐、蕃之间围绕河西九曲之地展开了争夺。开元二年（714），唐、蕃战争再起，唐将王晙巧用夜袭战，给出征的吐蕃军队当头一棒。王晙让士兵穿上胡人的衣服以混淆吐蕃军队的视线，然后趁着朦胧的夜色偷袭吐蕃军队大营，引发了吐蕃军队的自相残杀，死者万余。唐将薛讷很快嗅到了胜利的味道，果断率唐军夹击吐蕃军队。刚刚经历过恐怖的夜袭，又迎来勇猛无敌的唐军，吐蕃军队很快就败下阵来。据史书记载，这场战役斩首吐蕃军队 17000 人，获马羊超过 20 万匹（只），算得上是大胜利了。开元二年的这场战争远没结束，不自量力的吐蕃人与唐军又在长城堡打了一仗，吐蕃再次失败，丢盔弃甲，回家养伤去了。俗语说"好了伤疤忘了疼"，用这句话形容开元初的吐蕃人一点都不为过。开元四年（716），吐蕃人又不自量力进攻松州（治所在今四川松潘），松州都督孙仁献可不是吃素的，他巧避吐蕃军队的锋芒，在侧翼袭击吐蕃军队，吐蕃人很快丢下上万具尸体，逃回老窝。唐蕃西南战事刚打完不久，西北战事又开始了。开元五年（717），陇右节度使郭知运与吐蕃人在河西九曲开战了，这一次还是唐朝军队取得了大胜利，吐蕃成了过街老鼠，到处被打。开元初年的一连串战争把吐蕃人打怕了，吐蕃人不断向唐朝皇帝请和，唐玄宗感觉吐蕃人诚意不深、分量不够，并不搭理他们。这下吐蕃人真是吓坏了，打不过也不给请和的机会，吐蕃与唐的关系一时陷入困局，真正能化解这场恩怨的莫过于金城公主，毕竟大唐皇帝是她娘家人。开元四年，金城公主以谢恩的名义给唐玄宗上《谢恩赐锦帛器物表》，表中称："现在时值仲夏，天气炎热，希望皇帝兄长注意起居饮食。我曾见两国当年的舅甥盟约，希望现在还能像以前那样和好如初，若真能如此，我便如同获得再生，欣喜雀跃。皇帝兄长赏赐的金帛物品我都收下了，谨以金盏、羚羊衫和段青长毛毡回赠。"这不是一份普通的谢恩表，实际是金城公主借谢恩名义向娘家的哥哥表达请和的愿望，温情满满，但是诚意不足，娘家哥哥唐玄宗不会因为一时的儿女情长，坏了国家大事。开元六年（718），金城公主再次上表唐玄宗，表达请和愿望。金城公主给唐玄宗上的《乞许赞普请和表》称："我很平安，请皇帝兄长不必忧心。吐蕃的宰相对我说赞普想要请和，希望双方亲立誓文。以往皇帝不答应立誓，我嫁到吐蕃后双方和好。但如今边境战事不断，恐怕难以继续安宁。若只怜悯我远嫁他国而让皇帝兄长盟誓是不合理之事，但念在能使两国长治久安，恳请谨慎思量。"情意满满，诚意满满，作为娘家哥哥的唐玄宗被打动，允准请和，这样唐蕃之间出现了短暂的和平。

开元十年（722）至开元十六年（728）间，唐、蕃又有战事出现。唐玄宗派遣皇甫惟明和张元方前往吐蕃向赞普和金城公主宣旨，赞普答应请和，并称："外甥迎娶公主，情义如同一家。之前是张玄表等人率先发起进攻，才使得边境战事紧张。外甥深知尊卑礼仪，怎敢失礼冒犯，实在是边境情况所迫得罪了舅舅。如今承蒙远差使节前来看望公主，外甥不胜喜悦。若能两边修好，我死而无憾！"吐蕃因此再度依附唐朝。开元二十二年（734），唐、蕃在赤岭（今青海日月山）划界刻碑，约定互不侵扰，并于甘松岭互市。

第三节 中 唐

一、唐肃宗、代宗篇：合罗将军呼万岁，捧授金银与缣彩

（一）和亲回纥

乾元元年（758）七月十七日，唐肃宗的幼女宁国公主踏上了和亲的旅程，这次和亲的对象是回纥英武可汗。当

时，京城的文武大臣、宁国公主的兄弟姐妹都出来送行，就连她的父亲唐肃宗也来了。"国清才子贵，家富小儿娇"，让最疼爱的娇儿远嫁塞外异族，做父亲的心情是可想而知的。宁国公主表现得异常平静，她深知自己是女儿身，不能像兄长那样为大唐杀敌平乱，除此之外但凡可以为大唐分忧解难的事，她都愿意做。她在与父皇唐肃宗分别时说："国家的事情最重要，女儿愿意为国家做贡献，鞠躬尽瘁，死而无恨。"显然她非常清楚这次和亲的重大意义，也明白自己肩负的使命。

宁国公主到了回纥，并没有受到隆重的迎接，而是目睹了送亲使李瑀被回纥可汗反复刁难审问的情景。当宁国公主一行人到达英武可汗牙帐时，可汗身穿黄袍，头戴胡帽，傲慢地坐于帐中，仪卫甚盛。这种傲慢劲儿让宁国公主感到无比心酸，也让送亲的人有些不满，但毕竟在别人的地盘，多一事不如少一事，没有人敢当面指责可汗的傲慢。当时送亲使李瑀没有跪拜回纥可汗，可汗立即火气冲天，当面指责李瑀不懂规矩，怒气冲冲地说："我和唐天子是两国君主，你为何不跪拜于我？"可以看得出来，在英武可汗看来，回纥与唐朝地位相等。李瑀是见过世面的人，不会被回纥可汗的指责所吓倒，他义正词严地说："唐天子将自己的亲女儿嫁给英武可汗，英武可汗应该行婿翁之礼，接受唐天子诏书。"英武可汗自认理亏，跪受天子册命，并对公主以礼相待。与文成公主、弘化公主和亲的场景相比较，宁国公主和亲要悲凉得多。唐天子将自己的亲生女儿嫁给了回纥可汗，是大唐历来和亲公主没有过的先例。和亲公主不远万里到了回纥，反而被回纥可汗冷待，这是公然挑战天可汗的威仪。这些都与当时军事局势密切相关。

（二）绢马贸易

安史之乱爆发以后，由于叛军势力过于强大，唐朝兵力不足，很难抵御叛军的进攻。长安和洛阳相继失守后，唐玄宗仓皇离开长安，逃往蜀郡。唐李昭道的《明皇幸蜀图》描绘的就是唐玄宗逃往蜀地的场景，图中借用黑马惊蹶停步之态来表现唐玄宗的惊慌心理。随同唐玄宗逃往蜀郡的太子李亨，在马嵬驿被百姓所留，北上收集残兵抗敌，不久在灵武临危即位。刚刚当上皇帝的唐肃宗面临的最急迫的事就是要打败安禄山的叛军。当时唐肃宗所倚仗的只有朔方军一支部队,兵力严重不足,军心涣散,在这种情况下,唐肃宗一面鼓舞人心,一面向回纥请兵,组成联合作战部队来对付叛军。这次请兵得到了回纥的积极响应。至德二载(757)九月,回纥派太子叶护率领四千骑兵来帮助唐朝平叛,唐肃宗给他们丰厚的赏赐加以笼络,广

唐代李昭道《明皇幸蜀图》

平王李俶与叶护约为兄弟，情谊深重。回纥军队在香积寺、新店战役中都发挥了重要作用，在回纥军队的帮助下，唐朝军队很快收复了两京。

宝应元年（762）十月，登里可汗率回纥军队再次来唐，帮助唐军杀死史朝义，荡平河北，这是唐代宗时期向回纥借兵平叛的事件。回纥军队自认有功于唐朝，往往做出让唐朝皇帝十分头疼的事情，唐肃宗、唐代宗父子因为有求于回纥，往往优容他们。自广平王与叶护约为兄弟起，唐朝与回纥的地位开始趋向于平等，成为兄弟之国。宝应元年十月，时任天下兵马大元帅的雍王李适到达陕州（今河南三门峡市西陕县老城），与僚属几十人去拜会回纥登里可汗。因为雍王没有给登里可汗行拜舞之礼，登里可汗十分生气。回纥人认为唐天子与可汗约为兄弟，可汗就是雍王的叔父，雍王应该行拜舞之礼；唐人认为雍王是唐朝储君，是未来的大唐天子，是未来的天可汗，没有必要向回纥可汗行拜舞之礼。双方争执不下，登里可汗骄横无比，虽没有对雍王如何，但将雍王的随行大臣药子昂、李进、韦少华、魏琚四人各打了一百鞭，韦少华、魏琚因伤势过重，很快死去。针对回纥暴行，唐代宗并没有抗议，而是宽容待之。但汉臣书写这段历史的时候仍愤恨不已，以"陕州之辱"来形容这一事件。

　　唐朝不仅对回纥在政治上的羞辱忍气吞声，而且对于回纥在经济方面的掠夺式的无赖行径也百般容忍。回纥帮助唐朝收复洛阳后，大掠三天，洛阳府库储藏被回纥人洗劫一空，百姓流离失所。平乱后在长安城内居住的回纥使者有上千人，驿站官员每天供给他们食物，这些回纥人开店生财，做起了生意，强买强卖，骄横无比，百姓不堪其苦，当地官员不敢过问。唐政府与回纥的绢马贸易也给唐朝带来了很大的负担。为了答谢回纥出兵平定安史之乱，唐与回纥约定绢马互市，当时规定唐朝以40匹绢换回纥1匹马。自吐蕃占领唐朝河陇地区以后，回纥成为连接唐朝与西域、西亚、欧洲的纽带，成为东西方贸易的中转站。当时回纥商人贩卖到东罗马帝国的丝绸价格比唐朝高上百倍，回纥商人为了谋取利益，往往增加交易量。唐代宗大历八年（773），回纥贵族赤心驱赶10000匹马到唐朝进行贸易。当时唐朝刚刚经过战乱，财力匮乏，根本拿不出过多的绢帛来给赤心。朝廷官员建议只交易 1000 匹马，唐代宗认为回纥在平乱过程中前后立功，不好拒绝，命令交易 6000 匹马。绢马贸易开始成为唐与回纥政治经济生活的一个主题，唐朝政府不堪重负，为此白居易写道："合罗将军呼万岁，捧授金银与缣彩。谁知黠虏启贪心，明年马多来一倍。"这是对当时绢马贸易情境的真实写照。

二、唐德宗篇：此皆骑战一敌万，缟素漠漠开风沙

（一）河陇失守

广德元年（763）九月，吐蕃大举入侵，边疆告急，宦官程元振隐瞒不报，继位不久的唐代宗正在坐享安史之乱后的平静，并未察觉。十月，吐蕃军队占领了奉天（今陕西乾县），很快兵临长安城下。唐代宗得知消息后仓皇出逃，身边只有少数随从，到了陕州（今河南三门峡市）才得以稍稍平静。当时长安城内一片混乱，缙绅士大夫与百姓向南逃，直奔荆襄之地，有的逃往南部山区隐藏在山谷之中。很快，吐蕃兵占领了长安城。关键时刻，唐代宗起用一代名将郭子仪为副元帅，迎击吐蕃。郭子仪积极组织兵力反击吐蕃，不过十五日长安便被唐军收复。吐蕃之所

以能很快进入唐朝腹地，威胁长安，与吐蕃占领河陇（今甘肃、青海一带）之地密切相关。河陇之地是指唐代的河西、陇右地区，景云二年（711），唐睿宗在陇右道黄河以西（今兰州以西）的地区设置了河西道，下辖凉州（今甘肃武威）、甘州（今甘肃张掖）、肃州（今甘肃酒泉）、瓜州（今甘肃敦煌）、伊州（今新疆哈密）、西州（今新疆吐鲁番）等七州，实行河、陇分治。河陇北接大漠，南连青藏高原，西通西域，东望长安，自古就是丝绸之路的要道，也是少数民族东进西迁、南征北战的疆场，在经济上与军事上都有极为重要的战略地位。吐蕃如夺取了河陇，既可切断唐与西域的联系，又可成为进攻唐腹地的军事跳板，进而夺取唐都长安。因此，河陇地区成为唐、蕃战争双方争夺的军事要地。安史乱前，唐朝军队牢牢控制了河陇之地，吐蕃寸步难行。但是这种平衡很快被打破，随着安史之乱的爆发，唐朝边兵大都被抽到东边平叛去了，河陇地区防务空虚，为吐蕃的内侵提供了可乘之机。唐肃宗至德元载（756）至唐代宗宝应二年（763），吐蕃先后占领了陇右道（今青海北部和东部地区）、成州（今甘肃成县）、渭州（今甘肃陇西）、河州（今甘肃临夏）等地，河陇之地成为吐蕃的囊中之物。占领河陇之地后，吐蕃可以迅速从西、北两面对长安形成包围态势，很快打入唐朝腹地，威胁长安。当时唐、蕃两军相对峙的地方距离长安城也不过 500 里。面对这种局势，唐代宗束手无策，长安百姓也惶惶不可终日。听到戒严令，就要准备战斗；听到解严令后，才能安排自己的正常生活。

（二）"困蕃"之策

唐德宗初期，杰出的政治家李泌向唐德宗提出了"困蕃"之策，得到了唐德宗的应允。李泌可谓是传奇人物，幼年时期便有神童的称誉，在唐玄宗开元时期，他只有 7 岁，已经受到玄宗与名相张说、张九龄的欣赏和厚爱。有一次，张九龄准备拔用一位才能不高、个性比较软弱、肯听话的臣僚，李泌便很率直地对张九龄说："公起布衣，以直道至宰相，而喜软美者乎！"张九龄听了他的话，马上很慎重地认错，改口叫他小友。李泌的传奇还表现在他或仕或隐的人生态度。他先后四次游走于朝堂与乡野之间，身在朝堂，心在山川，天下稍有安定就退步抽身，远走隐退；国家有难之时，他又挺身而出，为皇上出谋划策。安禄山起兵造反时，玄宗仓皇出走，皇太子李亨在灵武即位，是为肃宗，到处寻找李泌，恰好李泌也到了灵武。肃宗立刻和他商讨当前的局面，他便分析当时天下大势和成败的关键所在。肃宗要李泌在朝中任职，他恳辞不干，只愿以客位的身份出力。肃宗也只好由他，碰到疑难的问题，常常和他商量，叫他先生。李泌是玄、肃、代、德四朝元老，可他一生崇尚出世无为的老庄之道，视功名富贵如敝屣，所以在肃、代两朝数度坚辞宰相之位，并且最终远离朝堂，长年隐居于衡山。不知道为什么，在贞元三年（787）六月他终于同意德宗的请求，出任宰相，可当时已经是67岁高龄了。

"困蕃"之策就是李泌出任德宗朝宰相的时候提出的，内容是向北联合回纥，向南招抚南诏，向西与大食、天竺

唐德宗画像

李泌画像

明人绘《李泌出山图》

联手，这样吐蕃就不会对唐朝有威胁了。回纥是绢马贸易的受益者，是唐朝经济上互补的伙伴，因此与回纥关系的磕磕碰碰都不会影响两国的正常交往。贞元四年（788）十月，唐德宗将自己的亲生女儿咸安公主下嫁给回纥长寿天亲可汗，开启了唐朝与回纥关系的新篇章。这样，向北联合回纥很快完成。北和回纥使得吐蕃不敢轻易侵犯唐朝。向南招抚南诏则由当时的剑南西川节度使、杰出的军事家韦皋来完成。韦皋到了成都以后，不断给南诏首领异牟寻写信，劝他归降唐朝，但一直没有得到异牟寻的答复。韦皋还派遣使者去南诏，劝和异牟寻，虽没有得到答复却引起了吐蕃的警觉。很快，吐蕃对南诏的猜疑发展到了军事上的严加防范。异牟寻在吐蕃压力之下，同意归降唐朝，接受唐朝的册封。招抚南诏无疑是断了吐蕃的右臂，南诏不会再充当吐蕃进犯唐朝的爪牙，反而成为防御吐蕃侵犯唐朝的抵抗力量。韦皋以自身力量为基础，联合南方蛮、獠及南诏积极进攻吐蕃，取得了很多的胜利。根据史书记载，韦皋在剑南西川任节度使的 14 年中，在西南战线击破吐蕃军队 48 万人，斩首 5 万余人，使得吐蕃不敢再觊觎唐朝的一寸土地。

8 世纪上半期，中亚地区是大食、吐蕃、大唐争夺的地方。大食企图东进，吐蕃企图北上，攻击的目标都指向了唐朝。天宝十载（751），唐将高仙芝率领的唐朝军队被大食军队击溃在怛罗斯城（今哈萨克斯坦江布尔城），导致唐朝对中亚的经营能力趋于弱化。安史之乱以后，北兵南撤用于平叛，唐朝更无暇顾及对中亚的经营。唐朝势力退出中亚以后，大食与吐蕃开始了多年的角逐，互有攻防，伤亡都较大。在这种情况下，唐朝联合大食来牵制吐蕃，吐蕃腹背受敌，更不敢轻举妄动。史书对唐朝与大食联合对吐蕃进行军事活动的记载较少。贞元三年（787）唐德宗确立了向西联合大食的国策后，贞元七年（791）正月黑衣大食就遣使来朝贡。可以推测，这次遣使不会是一般意义上的外交往来，双方肯定会协商东西配合来打击吐蕃的事情。

经过唐德宗的不断努力，"困蕃"政策取得了很好的效果。进入 9 世纪以后，吐蕃在唐朝及周边力量的联合打击下开始衰落。唐朝与吐蕃交战中，随着唐军的不断告捷，两者的使者往来也趋于频繁。唐穆宗长庆元年（821），唐、蕃之间进行了第八次会盟，史称"长庆会盟"。第八次会盟碑至今仍矗立在拉萨大昭寺前，向人们讲述着唐朝与吐蕃的和与战的故事。

第四节 晚 唐

晚唐灭回鹘、张议潮献河湟、张议潮接连击败吐蕃都发生在从会昌中兴到大中暂治这段晚唐国力回升期。但是这种国力回升期从大中九年东南军乱开始就已经终结，自此之后唐朝就开始一直衰落直至灭亡。

一、北灭回鹘

会昌三年（843）三月一日，离开大唐 23 年的太和公主终于回到了长安，唐武宗率领百官在章敬寺前迎接，太常寺派出了长公主的仪仗来迎接她，群臣更是列队欢迎。

然而公主的心情却是悲喜交加甚至是凄凉万分的。她先是进宫拜见了太皇太后郭氏。郭氏是郭子仪的孙女，是《醉打金枝》中郭暖与升平公主的女儿，后来嫁给了唐宪宗，唐宪宗死后，她的儿子唐穆宗即位，尊为皇太后，唐武宗是唐穆宗的儿子，郭氏也就是太皇太后了。从郭氏那里出来，太和公主又入太庙向已逝的父亲唐宪宗和哥哥唐穆宗的神位谢罪。然后来到大明宫光顺门，换下盛装，除去头饰，痛哭流涕，自言辜负了朝廷，没有完成和亲任务，请朝廷降罪。唐武宗派人安慰他的姑姑，并晋封她为定安大长公主。太和公主回宫那天，武宗命令大臣写诗留念。于是《全唐诗》中留下了许多首题为《太和公主还宫》的诗，其中最为人称道的是李频的诗："天骄发使犯边尘，汉将推功遂夺亲。离乱应无初去貌，死生难有却回身。禁花半老曾攀树，宫女多非旧识人。重上凤楼追故事，几多愁思向青春。"历经坎坷的太和公主终于回到了阔别多年的故乡，本来可以安心过几年平静安逸的日子，然而多年颠沛流离的生活极大地伤害了她的身心，返回长安不久就去世了，时年四十上下。太和公主是唐与回鹘的最后一位和亲公主，她见证了回鹘汗国的崩溃。回鹘其实就是回纥，唐德宗贞元四年（788），回纥改名为回鹘，取义为"回旋轻捷如鹘"。

长庆元年（821）五月，唐穆宗将自己的妹妹太和公主下嫁给回鹘崇德可汗。太和公主到达回鹘牙帐后，崇德可汗为她举行了隆重的换胡服和册可敦的大礼。可以说，太和公主下嫁之初颇为风光，和亲初期起到了一定的积极作用。然而好景不长，太和公主很快开始了颠沛流离的生活。首先，回鹘崇德可汗在公主嫁过去三年后就去世了，太和公主又下嫁给崇德可汗的弟弟昭礼可汗。其次，回鹘在与吐蕃的战争中败给吐蕃，国力消耗很大。很快，回鹘汗国国内出现饥荒、瘟疫，周边小族黠戛斯趁机占领回鹘城，盛极一时的回鹘汗国瞬间土崩瓦解。黠戛斯自认是汉将李陵之后，与李唐皇室本为一家，于是派人送太和公主归唐，中途被回鹘残部乌介可汗劫持。面对回鹘汗国的崩溃以及太和公主的失联，唐武宗也在积极营救。回鹘部族向南迁徙直逼唐朝边境，唐武宗在西北边境积极布防，先后派陈许步军3000人、郑滑步军3000人，让他们在太原屯集，向北可以驰援大同军，向西可以救援河西。这样对于回鹘部众南迁引发的骚动可以积极防御。

昭礼可汗的弟弟自立为乌介可汗，他们挟持太和公主后，以太和公主的名义请唐朝对他进行册封。唐武宗想起回鹘曾帮助唐朝平定安史之乱的功劳，就册封乌介为可汗。册封后，乌介仍不满足，不断地向唐朝提出借粮、借兵的请求，希望唐朝帮助他复国。此时的唐朝已经不再是当年的盛唐，所以不可能满足乌介的种种要求。乌介得不到满足就不断地骚扰唐朝边境，唐武宗运筹帷幄，对回鹘残部进行了有效打击。因唐朝国力有限，所以唐武宗对这次打击极为重视。这次打击策略主要有两个方面：一是计划周密，部署严明。在抗击回鹘问题上，经过了朝臣的深入讨论，虽有积极与消极两派之争，但是经武宗裁决后，双方意见基本得到统一。军队的调动、将帅的任命基本得到统一，避免了领导集团因言论不协调而妨碍作战计划的贯彻执行；军队调动、将帅任命、后勤补给、进攻时间和途径乃至各种应急措施，都在宰相李德裕的精心策划下井然有序地进行着，确保了战役的顺利推进。二是充分利用了少数民族的力量。唐朝北部边疆的沙陀、吐谷浑、突厥、党项、奚、契丹、室韦诸部族，长期苦于回鹘的抄掠，积极主动地配合唐军作战。战争进展得很顺利，乌介可汗仅率3000人逃走，后来被部下杀死，回鹘亡国，回鹘部族离散。同时，唐武宗抢回公主，由军队护送公主返朝，就这样公主回到了阔别23年的长安城。

二、光复河西

去过敦煌的人都知道，在敦煌莫高窟的156窟有一幅壁画名为《张议潮出行图》，这是晚唐壁画的重要作品。这幅壁画描述的是归义军兼凉州节度使张议潮出行的场景。画面构图壮阔，人马众多，栩栩如生。开始部分以骑兵仪仗为主，甲械齐整，旌旗鲜明。中间有军前舞乐，8名舞者排成两队，甩动长袖相对而舞。后面跟着乐队，共10人，配备各种乐器。画工取材于现实生活，节奏鲜明，多彩华丽，形象生动，表现出一支威仪赫赫的凯旋之师。在敦煌壁画中，这是一幅少见的、极珍贵的现实题材作品，同时又是具有重大史料价值的历史画。要想弄清楚这幅画的历史渊源，就要从吐蕃占领沙州之地讲起。

沙州（今甘肃省敦煌市）位于河西走廊的西端。从大历五年（770）开始，沙州就受到吐蕃军的围攻。沙州军民同仇敌忾，克服种种困难，这个只有四五万人的弹丸小邑一直坚持了 11 年，直到建中二年（781），沙州城才弹尽粮绝，成为唐朝在河西被吐蕃军攻破的最后一个要塞，从此吐蕃完全掌握了河西走廊的控制权。沙州失陷后，沙州百姓受到了吐蕃的残酷压迫。沙州地区丁壮者被迫成为奴隶，种田放牧，年龄大点或病重不能干活的都被杀死了。汉人尤其受到歧视，吐蕃人规定河西各城的汉人走在大街上必须弯腰低头，不得直视吐蕃人。当地民众对唐朝念念不忘，盼望有一天能够重新回到唐朝治下。9 世纪中叶，吐蕃国处于崩溃的边缘。首先是吐蕃王室内部互相争夺，国力消耗严重。其次是吐蕃将领尚婢婢与论恐热在边地展开了长达 24 年的厮杀，吐蕃王国处于崩溃的边缘。吐蕃在河陇地区的统治力也在削弱。大中二年（848），张议潮见时机成熟，率众在沙州发动了轰轰烈烈的大起义。他率部众披甲执锐，与吐蕃军在城内展开激战。城中的汉人纷纷响应，人人争相与吐蕃军拼命。吐蕃军在沙州城中军力本来

就不多，难以抵挡，于是仓皇逃出沙州。在派出信使后，张议潮并没有安于现状，而是"缮甲兵，耕且战"，积极备战，逐渐展开收复河西诸城的计划。由于吐蕃国内政治阴谋和内讧不断，一遇到张议潮强有力的挑战，其在河西的统治便土崩瓦解。到大中五年（851），张议潮已经收复了整个河西走廊中除凉州之外的所有州县，声震西域。同年唐宣宗得到张议潮表奏，决定在沙州设置归义军，以张议潮为归义军节度使、十一州观察使。咸通初年，张议潮又收复凉州，朝廷任命他为凉州节度使兼归义军节度使。河西地区的行政管辖权、财权、人事权、军队管辖权都归

唐宣宗画像

张议潮所有。唐中央对归义军的控制体现在两个方面：一是承认其政权的合法性，二是向长安派出质子作为人质。张议潮被任命为归义军节度使后，张议潮的哥哥张议潭被留在长安做质子。张议潭死后，张议潮主动请缨到长安做质子，归义军由其侄子张淮深统领。张议潮死后，张淮深不愿意派自己的儿子做质子，唐朝对于张淮深政权也不予以承认，不授予他节度旌节。但河西的实际统治者仍是张淮深，唐朝军队也没有进行讨伐，而是听之任之。可见，唐朝虽然收回河西之地，但不过"名存有司"而已，并没有进行有效的管辖。

第二章

封贡体系下的民族关系及对外交涉

第一节　民族关系

一、渤海篇：岂知塞外苦寒地，亦沐中华教化恩

（一）鸿胪井碑

这是一件发生在唐玄宗开元元年（713）的大事，主角是唐朝的鸿胪卿崔忻，只见他披星戴月，劈波斩浪，跋涉千里，终于到达了目的地敖东城（今吉林省敦化市东南）。旅途是艰辛的，但使命却是神圣的，因为他此行的目的是受唐睿宗之命来完成一件前人未竟的事业，即对靺鞨国首领大祚荣进行册封。"靺鞨"就是后来的渤海国，武则天圣历元年（698）由粟末靺鞨的首领大祚荣创立，都城设在今吉林省敦化市敖东城，史称"渤海旧国"。说"未竟"，说明之前有一次没有完成的册封，其发生在唐中宗复位的

神龙元年（705）。当时唐中宗曾派遣侍御史张行芨作为宣慰使对"震国"进行招抚，大祚荣仰慕大唐国威，乐意接受唐朝的招抚，并派自己的大儿子大门艺到唐朝做人质，来表达自己的臣服之心。但只恨突厥与契丹"寇边"，纷纷扰扰，烽烟不止，战事不休，因此陆路不通，册封之行也就不了了之。

毁也突厥，成也突厥。唐睿宗景云二年（711），突厥的默啜可汗表示愿意与唐和亲，其时边疆趋于和平，才有了崔忻此行。为避免战事再起，影响册封，崔忻决定吸取张行芨的教训，兼走水路。他从长安出发到了蓬莱，再从蓬莱到旅顺的渤海海峡，经庙岛群岛，然后从辽东半岛马石山的都里镇上溯到鸭绿江，此后经陆路终达集安。历史呈现给我们的是残缺的辉煌，有关册封的具体场面后人是不会知道了，因为史料无载，但我们可以想象那仪式的隆重，也可以从某些历史影视剧的有关画面中去获取感知。政治是一条巨大的利益链，从来不会做无用之功，事实上，这时的唐朝政府对渤海的册封心情是急迫的，也是真诚的。因为渤海国自建立之日起，就很快在唐代东北地区诸政权中脱颖而出，成为一支强有力的政治力量。而在此时，唐朝在东北地区的统治较为虚弱。唐朝对渤海首领进行册封，承认渤海政权的藩属地位，可以化敌为藩，将其纳入自己的版图，这样不动一兵一卒，既可以牵制东北的突厥、契丹等政权的侵扰，又可以借助渤海的地理位置来防范新罗人的进攻，从而解决了东北边疆的动荡局势，进一步稳定唐王朝在东北的统治。

　　一个巴掌拍不响，此时的靺鞨首领大祚荣内心的小算盘也是拨得飞快。唐初，东北地区除粟末靺鞨外，东有黑水靺鞨，西有契丹、奚，北有室韦。为了便于对这四股少数民族势力进行管辖，唐政府分别设立了都督府，其中管辖渤海的叫渤海都督府。这四府乃是唐朝在东北的行政建制。所以说，史称"渤海国"的渤海从来不是一个独立的国家，它只是隶属于唐朝的一个东北地区少数民族地方自治政权。册封就意味着渤海政权得到了唐朝政府的正式承认。册封以后，大祚荣把国名改为渤海国，册封后其具体官衔也就成了左骁卫大将军、渤海郡王、忽汗州都督。

　　崔忻在渤海都城敖东逗留了一年多，在这段时间里他还做了些什么，不得而知。我们能够确知的是，他返回长安的途中在旅顺停留的时间是唐玄宗开元二年（714）的五月十八日。之所以这样精确，是因为他在旅顺的黄金山脚下凿了两口井，井旁立了一通碑石，上面刻有他的手书铭文："敕持节宣劳靺鞨使鸿胪卿崔忻井两口永为记验，开元二年五月十八日。"这是块巨石，据说有十几吨重，中国人管它叫鸿胪井碑，日本人则呼之唐碑亭。无论叫什么，它面对滔滔渤海屹立了1100多年之后，突然失踪了。消失的原因是1895年甲午战争期间，日军侵占旅顺的海军司令认识到这块唐碑的文物价值，就把这巨石作为"战利品"偷运回日本献给天皇，天皇看了甚是喜欢，将它深藏于皇宫，直至今日它还待在那儿。于是，中国少了一件国宝，日本多了一件赃物，世界却有了一个铁证——侵略者对中国进行掠夺的铁证。倘若崔鸿胪卿地下有知，不知会作何感想？

（二）册封渤海

唐玄宗开元七年（719），大祚荣去世，渤海派使臣到唐王朝告哀，唐王朝派使前来吊祭，并册封他的儿子大武艺为左骁卫大将军、渤海郡王、忽汗州都督。以后，每当老王去世、新王继位之时，渤海必然会遣使来唐告哀，同时请求朝廷对新王进行册封；当朝廷遣使至渤海吊祭、行册封礼之后，渤海也要遣使谢恩。历代渤海王继位伊始基本都得到了唐王朝的册封，据有关史书的确切记载，在渤海的 15 位王中，至少有 9 位正式接受了唐朝的册封。

唐王朝册封大祚荣以后，大祚荣派王子来唐朝见，请求"就市交易，入寺礼拜"，得到唐玄宗的允许。自此以后，大祚荣年年派遣使臣朝唐入贡，标志着渤海与唐朝建立了朝贡关系。到大武艺时，其在位 18 年（719—737），渤海国派遣使臣入唐朝贡等活动多达 34 次之多。大钦茂在位 50 余年（738—793），派遣使者入唐朝贡等活动多达 52 次，有时一年内朝唐竟达四五次之多，得到唐朝朝廷的高度评价，故唐朝四次册封大钦茂，先后封其为渤海郡王、左骁卫大将军、忽汗州都督、特进、太子詹事、太子宾客、渤海国王，还加拜司空兼太尉。大钦茂之后的历代王始终都保持着与唐王朝的朝贡关系。渤海履行藩臣义务，向唐朝朝贡的同时，还接受唐朝的赏赐，赠予的丝绸要远远超过渤海贡品的数量。如渤海王大武艺遣男利行来朝，并献貂鼠，至是乃降书与武艺慰劳之，赐彩练一百匹。唐朝对渤海的这种赏赐，充分体现了中国传统的"薄来厚往"的外交政策。

渤海国积极与唐朝进行政治交往的同时，两国的经济文化交流也在不断进行。渤海国的社会经济很发达。他们种植稻、粟、豆等作物，会织布、纺绸、制造精致的陶器以及酿酒。渤海国与唐王朝之间的经济往来，主要是以朝贡形式进行的宫廷王室间的贸易。就在大祚荣封王的同一年，大祚荣派遣他的儿子到唐朝的首都长安，请求与唐朝进行贸易，得到唐玄宗的允许。之后，渤海国与唐王朝的贸易往来十分频繁，曾经向唐朝朝贡130多次，带去了大量珍贵的土特产品，如貂皮、海豹皮、海东青、人参、麝香等，受到了内地的欢迎。唐王朝也以赏赐的形式回赠渤海国许多物品，主要是茶、锦、帛、绢、金银器等，满足了渤海上层阶级生活享乐的需要。

渤海还不断向唐朝派遣贵族子弟，到京师太学学习古今制度，并多次派文人到长安抄回《汉书》《三国志》《晋书》《三十六国春秋》《唐礼》等历史、政治文献。渤海王子和贵族子弟纷纷至中原学习，有的经过科举考试，留作唐官，渤海的部分官员、使臣大都善用汉文撰写奏章；有的诗人所写的诗文，其韵律和意境几乎可与同时代的中原著名诗人媲美。在渤海与唐朝的密切交往中，唐人对渤海人的感情不断加深。温庭筠的《送渤海王子归本国》中有"疆理虽重海，车书本一家。盛勋归故国，佳句在中华"，反映的就是唐人与渤海人的亲密友谊。

渤海国中央和地方的许多机构和官职，都是仿照唐王朝设置的。中原的儒家学说和佛教等也传入了渤海国。渤海国都城的规划布局、殿堂寺塔的布局结构、建筑瓦件上的汉字、碑文的风格等，也和中原相同或相似。渤海国壁画的画法、着色、用料和画面的线条，都具有浓厚的唐代墓壁画的风格。由此可见渤海国受唐王朝文化影响之深。正是中原文化的传入，使渤海文化发生了阶段性的飞跃变化，推动了渤海社会的发展。渤海国在最强盛的时候，封疆方圆5000里，编户数十万，辖境有5京、15府、62州，威震于海东，被誉为"海东盛国"。

二、黠戛斯篇：料得坚昆受宣后，始知公主已归朝

（一）陇西同宗

天汉二年（前99）汉武帝派李广利率精骑三万出征匈奴，两军很快在天山相遇了，随即摆开战场，进行厮杀，战争处于胶着状态。为了减轻正面战场的压力，骑都尉李陵主动请缨，要求带领部分军队深入敌境，开辟第二战场。得到汉武帝的首肯后，李陵率领他的五千步兵从居延海出发，向北行进30天，到浚稽山（约今蒙古图音河南）扎营。李陵在浚稽山遭遇单于主力，被匈奴三万多骑兵包围，随即展开了激烈的战斗，10天内共斩杀匈奴骑兵一万余人。最后寡不敌众，矢尽粮绝，李陵被俘投降。投降匈奴后，与李陵不和的公孙敖有一次出征匈奴无功而返，便诬陷李陵传授兵法给匈奴单于，并准备侵犯汉朝。天子一怒，人间缟素，勃然大怒的汉武帝下令将李陵一家灭门。直到后来汉朝遣使匈奴时，才弄清楚教兵法给匈奴的并非李陵，而是另一位降将李绪。灭门之痛使李陵决意留在匈奴，单于对李陵十分器重，不仅把女儿嫁给了他，

像公卿少尉都騎漢

李陵画像

还封他为右校王。李陵在匈奴生活了 20 余年，于汉昭帝元平元年（前 74）病故。相传唐时的黠戛斯是李陵的后裔。因为李陵在匈奴生活时曾负责管理被匈奴征服的坚昆一带，当时的黠戛斯部众则被汉朝称为坚昆，传说还是有一定渊源的。唐代多数的黠戛斯人长着红红的头发，一双绿眼睛闪闪发光，但自称李陵后裔的黠戛斯人则是黑发黑瞳，明显具有黄种人混血的特征。李陵是陇西成纪（今甘肃秦安）人，西汉名将李广之孙。而唐朝皇帝的先祖也出自陇西成纪，亦同为李广之后。唐朝时期唐政府与黠戛斯人的交往，除藩属体系之外，还有"认宗"之情。

早在唐太宗贞观十七年（643），黠戛斯脱离了东突厥的控制之后，就立即派遣使者入唐，向唐朝统治者进贡了貂裘和貂皮，这是黠戛斯第一次叩响唐朝大门。来唐的使者受到了唐太宗的热情招待，唐太宗不仅回赐了礼物，还赐授了国书，重申唐政府对黠戛斯的重视。黠戛斯受到了鼓舞，经过几年的准备，贞观二十二年（648），他们的酋长失钵屈阿栈亲自带队抵达了唐朝首都长安。当时来自四面八方的朝贡团络绎不绝，但这支黠戛斯使团有点特别，他们除了朝贡之外，还肩负着"认宗"使命。唐太宗对黠戛斯首领的到来十分重视，亲自召群臣设御宴款待。在宴会上，唐太宗对黠戛斯的归附十分欣喜，对群臣说："想当年我在渭桥智退突厥大军，后来又降服突厥各部，自我感觉功劳已经很大了，现在看到酋长率团万里来朝，感觉功劳要比降服突厥大得多。"失钵屈阿栈深领太宗的意思，说："臣下既然一心想归附朝廷，愿意接受朝廷授予的官职，备位朝堂。"唐太宗当即同意在黠戛斯辖地设立坚昆都督府，隶属燕然都护府，封黠戛斯酋长俟利发为左屯卫大将军、坚昆都督。羁縻府州都督府是以首领为都督或刺史，职官可以世袭。唐朝封黠戛斯酋长为坚昆都督府的都督，又加封唐左屯卫大将军，属唐朝高级武官中禁军十六卫之一，正三品。虽然唐朝对黠戛斯加封的职官只是象征性的，但是是与黠戛斯君主地位相对应的，他以这个职位的身份对黠戛斯进行有效管理。尽管民不编户，既不上交贡赋，又不改变旧有的风俗习惯，但作为唐朝的藩属是显而易见的。

唐中宗时期，黠戛斯与唐朝的关系得到进一步发展，"认宗"之情开始强化两者之间的关系。唐中宗景龙二年（708），黠戛斯遣使朝贡，唐中宗对他们格外重视，还说："咱们同宗血脉，是其他外邦无法比拟的。"使者感动得连连跪拜。从此黠戛斯与唐朝的关系更加紧密了。

唐玄宗时期，黠戛斯曾六次派遣使者朝贡，都得到唐玄宗的热情招待和厚厚的赏赐。因为路途遥远以及其他各种原因，来唐的黠戛斯人有的客死途中或死在长安，这种情况引起了唐玄宗的重视。唐玄宗下令，凡是来朝贡的使者、商人、家眷等，客死在唐朝境内的，唐政府都会给予一定的丧葬补贴，当地官府给造墓地，帮助下葬。这是唐朝对黠戛斯的优待政策。

（二）册封体系

当历史的车轮走过了盛世，来到了唐肃宗乾元元年（758），形势急转，黠戛斯被回鹘打败，成为回鹘的从属部落之一，从此失去了与唐朝的联系。直到唐文宗开成五年（840），回鹘国内动乱，又连续遭严重自然灾害侵袭，黠戛斯趁回鹘势力大为削弱之际迅速崛起，重新占领了回鹘控制下的安西、北庭各地，在回鹘故地建立了自己的统治区域。不知道是否缘于同唐朝皇帝的那份年代久远的亲情，重新崛起的黠戛斯人很快又恢复了同唐朝的藩属关系。在恢复与唐朝的藩属关系过程中，黠戛斯方面是积极主动的，先是在荡平回鹘牙帐时，抢夺回了嫁到回鹘的太和公主，然后派使者达干送公主回大唐。虽然太和公主半路又被回鹘人给夺走了，但能够表明黠戛斯想重新臣服唐朝的意图。随着时间的流逝，黠戛斯与唐朝的往来日渐密切。会昌三年（843）二月，黠戛斯派使者入朝，向唐武宗进献了名马。当时负责接待黠戛斯使者的是太仆卿赵蕃，赵蕃在与黠戛斯使者的交往中，得知黠戛斯正在攻取安西、北庭地区，于是向唐武宗上奏，请求出师应援，收复安西、北庭地区。但是当时唐朝刚刚结束击溃回鹘残部乌介可汗的军事行动，暂时没有强大的军力劳师远征，这个计划很快搁浅。黠戛斯看到大唐不会出兵安西，便请求唐朝的册封。当时的唐武宗因为回鹘问题还没有彻底解决，担心冒然册封黠戛斯，会重蹈回鹘可汗的居功自大、藐视大唐的覆辙，于是婉言拒绝了册封的请求。同年三月，唐武宗任命太仆卿赵蕃为安抚黠戛斯使，携带《赐黠戛斯可汗书》出使黠戛斯。这封国书据说是由宰相李德裕起草的，黠戛斯可汗与唐朝皇帝的宗亲关系再次被用来滋润两国关系。国书重申两国之间的同宗之情，字里行间充满了委婉之词，完全不见了大唐天子昔日居高临下、盛气凌人的气势，其口气似乎更像久别重逢的老朋友在促膝而谈。为了尽快完成册封之事，同年六月，黠戛斯可汗再次派使者进贡马匹，这次虽然没有提及册封的事，但是唐武宗明白使者入朝的用意，在他给黠戛斯可汗的回信中，依然重申了要求黠戛斯必须尽快出兵扫荡回鹘残部的主张，此后朝廷才会考虑册封。到了会昌五年（845）四月，唐武宗曾经多次许诺的册封黠戛斯可汗的事情终于有了眉目。唐武宗任命陕虢观察使李拭为册封黠戛斯可汗使，在经过群臣一个月的讨论后，册封黠戛斯可汗为"宗英雄武诚明可汗"，但是不知道是什么原因，册封使李拭一直没能成行。直到唐宣宗即位，册封之事才得以完成。唐宣宗即位后，册封黠戛斯之事很快提上日程。当时他召集百官对这件事进行了讨论，大臣意见不同，各抒己见。有的认为册封之事是先皇武宗皇帝定下来的，不能失信于人，失信于天下；有的认为回鹘残部仍活跃在唐朝边境，还没有完全铲除，册封黠戛斯，回鹘残部会生乱子；有的认为黠戛斯是偏远小国，不足以与我大唐抗衡，可以将册封之事暂且搁置。也许是黠戛斯的诚意感动了上天，一个历史的契机促成了册封之事。就在册封论争刚过不久，吐蕃引诱党项及回鹘残部进攻河西，当时能驱逐河西各部的只有黠戛斯，在这种情况下，大中元年（847）六月，唐宣宗任命鸿胪卿李业为册封使。一个月后李业到达黠戛斯，正式册封黠戛斯可汗为"英武诚明可汗"，至此，承诺多年的册封黠戛斯一事终于宣告完成。

一般来说，能够得到天朝大国的册封，是自古以来蛮夷藩国的共同愿望，但得到册封的机遇不同，有的是机缘巧合，有的是因功受禄，像黠戛斯这样历经艰难才得到册封的民族并不多见。同样，一旦得到大国册封，就意味着获得了号令四夷的尚方宝剑，进而称雄诸夷，但黠戛斯争取到唐朝册封后，并没有占据整个回鹘故地、建立强大的少数民族政权，而是全身而退，又回到了故地叶尼塞河上游，无疑是一个特例。

三、南诏篇：上心贵在怀远蛮，引临玉座近天颜

（一）天宝战争

等待下一个春夏秋冬，等待下一个云卷云舒，月圆月缺，繁星明灭，不知道云南的大理是否曾有一个名叫段誉的翩翩公子，那个时代的他没有白色的衬衣，但阳光下笑得依然那么好看，仿佛晶莹通透的大理石精雕出来的轮廓，那与生俱来的洒脱气质，就连阳光都忍不住驻足。时间就像一个巨大的过滤器，滤去了小人物的悲欢离合，留下了时代的风云变更，无法考证是否有过离情别恨，有过缠绵悱恻。但在多情的云南省大理市太和村西面的南诏太和城遗址内，矗立着一块黑色的古碑，它就是南诏德化碑，号称"云南第一碑"。碑高3.97米，宽2.27米，厚0.58米，是用一块巨型的条石雕刻而成。德化碑立于唐代宗大历元年（766），至今已有1200多年的历史。它静静地站在那里，细数着时光变迁，独守着千年寂寞。碑石正面和

背面，原分别镌刻有约 3800 字和 1000 余字，至今仅存留 700 余字。但是幸运的是，历代都对碑文做了记载，经史学家和金石学家整理补足，仍然可以还原原文。清代阮福的《滇南古金石录》录有它的全文。碑文主要颂扬了南诏王阁罗凤的文治武功，叙述了南诏与唐朝的那场战争，并表明南诏叛唐是不得已的事情，表达了希望继续臣服于唐朝的愿望。

碑文中记载叛唐是不得已，说明南诏原来是唐朝的藩属。其实南诏臣服唐朝由来已久。唐初，云南洱海地区小国林立，互不役属，其中有六个实力较强的小国，分别被六个国王统领，被称为六诏，分别是：蒙嶲诏、越析诏、浪穹诏、邆赕诏、施浪诏、蒙舍诏。蒙舍诏在诸诏之南，称为"南诏"。贞观二十年（646），唐朝册封的云南大将军张乐进求为解决各部纷争，召集洱海地区各诏，在铁柱旁边会盟一起祭天。当时南诏首领细奴逻应邀参加，祭天仪式庄严神圣。传说，在祭祀中，一只五色鸟先落在了铁柱上，又落在细奴逻的肩上，张乐进求与其他首领认为是祥兆，乃天意，于是张乐进求把其女嫁给细奴逻，还把盟主之位让给了他。唐高宗永徽四年（653），细奴逻派他的儿子逻盛炎率使团到长安称臣纳贡，正式归顺唐朝，唐高宗给予了热情的接待，并赐予了大量的财物。当时唐朝在边疆地区设置羁縻州，实行羁縻政策，唐高宗顺势赐授细奴逻为巍州刺史，以此来加强对西南边疆的管理。细奴逻的儿子逻盛炎在长安谦虚诚恳，深得唐朝皇帝和大臣的赞誉，唐高宗在朝堂赐锦袍、金带与缯彩数百匹等厚礼，这是唐朝与南诏蜜月期的开始。这次朝贡之举，对唐朝来说，可以防止南诏投靠吐蕃，对于遏制吐蕃势力发展，加强对西南边疆管理有积极意义；对于南诏来说，得到了唐朝的有力支持，加快了南诏统一六诏的步伐。在唐朝的支持下，南诏王皮逻阁先后兼并了其他五诏，统一了云南洱海地区，皮逻阁被唐玄宗册封为云南王。

碑文中记载的南诏与唐朝的战争是天宝战争。这次战争发生在唐朝天宝年间，当时在位的南诏王是皮逻阁的儿子阁罗凤。就像所有的美女配英雄一样，这也是一个英雄一怒为红颜的故事。天宝九载（750），南诏王阁罗凤携王妃前往成都谒见剑南节度使鲜于仲通，途经姚州拜访都督张虔陀，猥琐男子张虔陀见阁罗凤的妻子长得貌若天仙，竟然心生邪念，将南诏王与其妻分居接待。夜里，他企图戏辱南诏王妃，王妃奋力反抗挥手打他，张虔陀因没得逞而大怒，翌日派兵围挡南诏王，诬陷说王妃无故打伤太守，必须交黄金万两以赔罪。南诏王表面隐忍心中怒火，假意返回太和城取黄金给他。就在阁罗凤临行时，张虔陀又派人追赶辱骂阁罗凤，并向朝廷诬告南诏谋反。阁罗凤感慨"九重天子难承咫尺之颜，万里忠臣岂受奸邪之害"，于是他派军将杨罗颠为专使，赶赴长安向唐玄宗讲明事实，控诉张虔陀的罪行，谁料唐玄宗只把杨国忠的谗言当真，无论南诏怎样辩白都无用。于是阁罗凤大怒，在无奈中率领五万大军攻打姚州，诛杀了张虔陀。张虔陀事件成了唐与南诏战争的导火线。天宝十载（751），剑南节度使鲜于仲通发兵八万征讨南诏。阁罗凤又遣使谢罪，鲜于仲通不理，唐军直逼大理。阁罗凤坚壁清野，步步为营，在西洱河打败唐军。以后在天宝十二载（753）、天宝十三载（754），唐军都有对南诏的军事行动，都被南诏挫败了，这一系列的战争被称为"天宝战争"。天宝战争是唐朝与南诏关系恶化的转折点，此后南诏长期依附吐蕃，与唐朝战争不断。但是南诏对大唐仍有臣服之心。天宝战争后，阁罗凤为了表示臣服之心，下令将战死的唐军将士的白骨堆成万人冢，用来祭奠亡灵。万人冢至今尚在下关西洱河南岸作穿越古今的瞭望。南诏在太和城立德化碑，表达叛唐的不得已，愿意世世为唐臣。可以说，南诏从思想意识上认定唐王朝是正朔，不仅宣称自己是不得已而叛唐，而且亦期望唐王朝豁免其叛唐的过错，明示有朝一日还要归属唐王朝的心愿。

（二）唐诏会盟

南诏再次归附唐朝的过程是较为复杂的。天宝战争后，南诏与唐朝关系决裂，转而依附吐蕃。南诏与吐蕃虽约为兄弟之国，南诏王阁罗凤被吐蕃赞普封为"赞普钟南国大诏"，但政治上受制于吐蕃，经济上受吐蕃苛重的赋税和繁重的徭役的剥削。异牟寻即位后，吐蕃与南诏从兄弟关系变成藩属关系，遂使长期奉唐朝为正朔的南诏人心怀不满。唐德宗年间，吐蕃在与唐朝的战争中常常失败，损失惨重。在这种情况下，以异牟寻为代表的南诏统治集团积极寻求归附唐朝。但由于吐蕃在南诏的势力和影响，异牟寻最初仅仅只是小心地谋划归唐，不敢有大一点的动作。

在剑南节度使韦皋的长期努力下，南诏终于接受唐朝的册封，回到大唐的怀抱。唐德宗贞元九年（793），也就是立碑后的27年，南诏王异牟寻派遣使者带着丹砂和黄金（表示心赤志坚）、绢帛和药材当归（表示柔服归顺），到成都觐见剑南节度使韦皋。贞元十年（794）正月，韦皋派遣巡官崔佐时携带唐德宗的诏书和他自己给异牟寻的亲笔信到达南诏阳苴羊城（今云南大理），商量归唐的事。不巧，100多人的吐蕃使团在崔佐时之前就已经到达南诏，对于谋划归唐十分不利。异牟寻害怕吐蕃人知道，密令崔佐时装扮成牂牁使者，并穿牂牁使节的服装入见，但遭到崔佐时的拒绝。异牟寻不得已，只好在夜晚迎接崔佐时，点上蜡烛，设定天子方位。崔佐时立于天子方位，大声宣读皇帝诏书，异牟寻害怕吐蕃使者知道，吓得魂不守舍，当听到皇帝宣慰的言辞后，稍稍镇定，之后又痛哭流涕，接受皇帝诏命。崔佐时宣读诏书以后，顺势劝异牟寻杀掉吐蕃使者，放弃吐蕃册封，改回国号，异牟寻都照做了。正月五日，异牟寻率其子寻阁劝及文武官员与崔佐时会盟于点苍山神祠。为了表示唐、诏会盟的重要性和双方的诚意，双方将盟书郑重地写了四份：一份藏于神祠石室，一份沉于西洱河，一份置于神庙，一份进呈天子。第二年，唐朝派中使袁滋前来南诏，册封异牟寻为云南王。异牟寻将21头大象分布在路两旁，摆出了20多里的迎接长队，来迎接唐使袁滋，宣誓继承先祖忠唐之心，归附大唐。从此，南诏与唐重归于好，双方进入了持久和平共处、友好往来、共同发展的新时期。

唐元和三年（808），异牟寻去世，唐朝为表示悼念，特废朝3天，并派太常卿少仪为吊祭使到南诏吊祭，同时册封异牟寻之子寻阁劝为南诏王。此后有南诏王去世或继位，唐朝都派使臣到南诏吊祭或册封。据统计，南诏自唐高宗时细奴逻遣使入朝受封开始，13位王中有11位都接受了唐朝的册封。南诏也派使者到长安贺岁、朝贡，唐朝对远道而来的南诏使者热情款待并大加赏赐。据统计，自开元二十二年（734）至乾宁四年（897）见于记录的约有100次之多，即使在长庆以后南诏不断发动劫掠战争，也始终未断绝与唐王朝的朝贡关系。

（三）文化往来

南诏以铎鞘、浪剑、郁刀、生金、瑟瑟、琥珀、牛黄、毡、纺丝、象、犀等地方土特产品向唐朝入贡，唐朝则以更多的内地汉族的物品作为酬赏。白居易诗作《蛮子朝》中的"上心贵在怀远蛮，引临玉座近天颜。冕旒不垂亲劳徕，赐衣赐食移时对"即歌颂了双方修好的这一局面：朝见皇帝时寻阁劝的座位靠近御座，德宗皇帝高兴得连皇冠上的冕旒都没有放下来，频频和寻阁劝交谈，并赏赐华丽的衣物、丰盛的食品给他，足见南诏与唐朝关系非同一般。

南诏与唐朝进行政治交往的同时，经济文化交流也在进行。南诏统治者不仅提倡中原文化，还身体力行，积极接受中原文化并主动带头学习。"南诏德化碑"中说阁罗凤重用中原饱学之士郑回，支持他推广儒家文化。南诏在异牟寻统治时期就开始遣送贵族子弟到成都学习，相沿50年没有间断。当西川节度使杜悰削减入学人数时，南诏王劝丰祐十分生气，这从一个侧面说明南诏学习中原文化

石宝山石窟细奴逻全家像

的意识十分强烈，到内地学习是他们吸收汉族文化的一个重要途径。儒家文化在南诏遍地开花的同时，佛教文化也得到了长足的发展。唐代建筑、雕塑、医学、军事等方面都对南诏产生了深远的影响。南诏仿效唐朝的三省六部制设立六爽，职能与六部相似；崇圣寺三塔和西安大、小雁塔同是唐代的典型建筑，在造型上也与小雁塔酷似；石宝山石窟的雕塑如细奴逻全家像、阁罗凤出巡、异牟寻议政等，都受到中原雕塑技术的影响。当然这种交流是双向的，

剑川石窟异牟寻议政像

中原地区也吸收了南诏文化。最典型的例子是贞元十六年
（800），南诏向唐朝进献"夷中歌曲"，称为《南诏奉圣
乐》，曾在长安宫廷演奏，《新唐书·礼乐志》用不少篇
幅来记载了这次演出盛况。

第二节　对外关系

一、东亚篇：谁得似君将雨露，海东万里洒扶桑

（一）朝贡贸易

"渔阳鼙鼓动地来，惊破霓裳羽衣曲。"安史之乱的爆发，打破了长安城的歌舞升平，惊醒了唐玄宗的盛世美梦。随着潼关的沦陷，唐玄宗仓皇逃到了蜀郡。在路过马嵬驿的时候，士兵们发生了哗变，唐玄宗被迫处死了自己心爱的女人杨贵妃。他是多么爱她，她又是多么懂他，在她被赐死的那一刻，她没有任何怨言，这也使他踏上了此恨绵绵无绝期的忧郁生涯。不久，他的儿子——太子李亨在众人拥戴下在灵武称帝，自己成了空壳的太上皇，对于迷恋权力的帝王来说，这无疑是致命的打击。痛失爱妃，又丢国柄，双重打击，让不可一世的唐明皇无时无刻不生活在痛苦之中。就在这个时候，远在海东的新罗使者来到成都朝贡，让玄宗痛苦的心灵得到很大的安慰。至德元载（756），新罗遣使来唐朝贡，由于当时长安、洛阳两京均

已沦陷，新罗使节便绕道荆州，沿长江而上到达成都。新罗使者的执着朝贡，让失落已久的唐玄宗心存感激，立即写了一首五言诗，赠给新罗王。诗的后两句是"益重青青志，风霜恒不渝"，饱含无限感激之情和无比嘉尚之义。《三国史记》的作者金富轼感慨：这份情意就是古诗中所说的"疾风知劲草，板荡识忠臣"之意呀！值得一提的是，唐玄宗赠送新罗王的那首诗，到北宋时在中国的文献中就看不到了。到了宋朝的时候，朝鲜半岛的高丽使臣入宋访问的时候，曾携带唐玄宗手书的刻本，来请宋朝人辨别真伪。雅好文艺的宋徽宗召集大学士观摩鉴定，最后证实是唐玄宗的手迹。

新罗使者到成都朝贡是新罗与唐发展友好

金富轼画像

100

关系的一个缩影。以新罗为代表的朝鲜半岛与唐朝建立友好往来由来已久。唐高祖武德四年（621），新罗来唐朝贡，这是新罗与唐朝友好往来的开始。武德七年（624），唐高祖册封高句丽王为上柱国、辽东郡公、高句丽王；册封百济王为带方郡王、百济王；册封新罗王为上柱国、乐浪郡王、新罗王。显然唐朝已经完成了东北亚地区的封贡体制。朝鲜半岛三国时代，新罗最为弱小，时常遭到百济和高丽的欺负。唐朝建立之后，随着国力的强盛，唐朝对东亚世界号召力逐渐形成，新罗等国经常向唐朝政府乞援。唐朝皇帝往往扮演调停者的角色，新罗朝贡最多，最为恭顺，加之唐朝和新罗在朝鲜半岛某些问题的解决上有利益重叠，故而唐政府的调停天平往往倾向新罗一些，唐与新罗的来往也最密切。唐太宗曾派遣使臣送给新罗牡丹花籽，还附有一张牡丹花图。当时的新罗王把花图传示给众人看，他的女儿金德曼看过图以后说，这花虽然好看，但是不香。众人不解，她便解释说，图中花朵绚烂，全然没有蜂蝶环绕，众人不信。等到花籽种好长成后，果然不香。这位聪颖的金德曼就是以后的善德女王，她在位期间，不断向唐朝朝贡，还出兵帮助唐太宗攻打高丽。她的堂妹真德女王曾用织锦作五言《太平颂》来讨好唐高宗，这算得上是高规格的交流文颂。唐罗战争以后，新罗完成了朝鲜半岛的统一。唐高宗开耀元年（681），新罗文武王去世，其长子即位，是为神文王，唐高宗遣使册封，唐罗关系翻开了新的一页，走向了全面友好的宗藩关系，一直持续到唐朝灭亡。

宗藩关系下使者往来的性质是不一样的。新罗使者几乎每年都会来唐，唐朝也会在适当的时机派遣使者去新罗册封。新罗来唐是具有朝贡性质的，他们出使的名义及内容也比较丰富，有感谢唐朝皇帝对新罗王、王妃册封的；有感谢唐朝皇帝对先王吊祭、追赠的；有承认错误乞求原谅的；有请求对王和王妃的册封的；有祝贺唐皇帝即位的；等等。他们来唐朝贡一般会携带很多新罗土特产进贡，唐朝的君主也回赐很多的中原物品及衣冠文物。唐朝派遣使者更多的是册立新罗君主的册立使、吊祭新罗君主之死的吊祭使，这是唐朝处于宗主国地位的表现。新罗与唐朝的这种封贡关系，不是由哪一方强求形成的，而是从双方的国家利益出发，双方自愿构筑起来的。新罗在维持两国的朝贡册封关系中表现得更积极主动，努力的结果是朝鲜半岛实现了新罗的统一，统一以后不但给新罗带来了安定的国际环境，而且新罗通过与唐朝的朝贡册封关系，引进唐朝的先进文化，给新罗带来了富饶的经济生活，对以后的韩国文化发展产生了莫大的影响。

自真德女王号令全国穿中国衣裳，改行中国年号开始，新罗开始了全面"唐化"的进程。为了更全面地学习唐文化，新罗派大批的学问僧、求法僧来唐学习，长安的外国求法巡礼僧侣新罗最多。不少新罗学生还参加唐朝宾贡进士科考试，从长庆元年（821）至唐末，宾贡及第的新罗学生有58人。宾贡及第后，有的留在长安做官，有的直接回国报效他们的祖国。在留学生、求法巡礼僧的推动下，新罗在政治、教育、租税、文字制度等方面全面向唐朝学习。唐玄宗曾说："新罗号为天子之国，颇知书记，有类中华。"这是对新罗引进唐文化的充分肯定。新罗选派质子来唐长安宿卫，有的人从此在唐定居，与唐人联姻，并在唐朝中央任职，西安大唐西市博物馆收藏的金日晟墓志

《金日晟墓志铭》拓片

《金日晟志盖》拓片

铭，就记载了新罗王子金日晟在唐代宗大历年间担任唐朝光禄卿的史实。新罗与唐朝的经贸往来也十分密切，新罗来唐商人很多，北起登州、莱州，南至楚州、扬州，都有他们的足迹。8—9世纪，在唐的沿海地区形成了以新罗商人为主的新罗侨民的聚居区——新罗坊。新罗商人运至唐朝的牛黄、人参、海豹皮、金、银等物，占唐朝进口物产的首位，丰富了中国人民的生活。他们贩回丝绸、瓷器、茶叶、书籍等也推动了新罗文明的进步。新罗与唐的封贡关系，也起着维持唐朝帝国体系的作用，稳定了东北部的外部环境。

（二）元日朝会

元日朝会是唐朝政府官员一年内最休闲、最热闹的朝会。"一片彩霞迎曙日，万条红烛动春天"，天刚刚亮，众官员打扮得漂漂亮亮地在方队中等候皇帝驾临，烛火通明的仪仗把长安的宫城照得更加雄伟多姿。香烟缭绕的殿堂上，天子俯视的目光仿佛要穿过臣僚，穿过层层朱阙，洒向大唐的广袤疆域。群臣朝贺，耳边的声声"万岁"直上云霄，贺正的朝会使得君主心潮澎湃，唐太宗李世民当即写下"百蛮奉遐赆，万国朝未央"，展现一种大国君主的威严，还有和风旭日般的关怀。据日本史书《续日本纪》记载，唐玄宗天宝十二载（753）正月，长安大明宫贺正朝会也是热闹非凡，当时正是大唐最强盛的时期，来朝的各国使节在侧殿等候皇帝的宣诏。但是在排列各国使节座席的时候，日本使者提出了不同意见。原来日本遣唐大使藤原清河被安排在宫殿西侧的第二席，是在吐蕃使者之后；新罗使者是在宫殿东侧的第一席，第二席是大食的使者。藤原清河说：新罗既向唐朝进贡，也向日本进贡，怎能居于日本之上？他感到很委屈，请求唐朝政府给他换座位。经过一番讨论，唐朝方面将日本和新罗的席位对调，保全了日本使者的颜面。对此，韩、日学界争论不休，而近年

《吴怀实墓志》拓片

来出土的唐玄宗朝宦官吴怀实墓志，似乎可为这一事件提供证明。这次"争长"事件表现了日本人服从强者、欺凌弱者的国民性格。

服从强者表现在中日白江口之战，唐朝好好敲打了日本，日本也认识到自己的落后。欺凌弱者显然是伤害了新罗的面子。中日之间的关系是以日本派遣遣唐使来华的形式表现出来的。

（三）全盘唐化

唐太宗贞观四年（630），从日本舒明天皇派出第一次遣唐使开始，直到唐昭宗乾宁二年（895）的260多年间，奈良时代和平安时代的日本朝廷一共派出了19次遣唐使。遣唐使规模不一，一般在五六百人左右，分乘四只船前来中国。他们曾被唐朝人称赞为所有国外使者中最有风度和礼貌的客人。文献记载中,唐朝人形容日本使者"容止温雅"。当时派遣遣唐使是日本朝廷的一件大事,每次任命的遣唐使都要"海选"。首先是政审,没有劣迹的朝廷官员才能参加;其次要有学问,毕竟肩负着学习先进文化的重任;再次要仪表堂堂,举止要有风度。出海之前,天皇常常大设宴席,和诗赐刀相送,并一再谆谆告诫:"你们这一去,和气为重,既要学成东西,也不能有失国体。"而一旦使船返回日本,天皇也亲自设宴迎接,对完成任务的使臣加官晋爵,对不幸遇难者厚加抚恤。派遣的使团集中了当时日本的外交、学术、科技、工艺、佛教、艺术等各方面的优秀人才,在中国所学内容涉及政治、经济、文化、生活的各个方面,学成归国后,将其所学引进到日本,实现"全盘唐化"。唐朝政府以其博大的胸怀接纳遣唐使,并给予最优待的政策。遣唐使团来唐朝贡,刚踏上大唐国土就会有专门的官员安排食宿馆舍,为他们洗去路途的劳累以及波涛的恐惧;会有专人引领他们到长安,沿途会得到地方官员的迎来送往,路费、食宿费都由唐朝政府承担;到了长安以后,会被安排到四方馆居住,由特设的监使照顾他们的衣食住行。皇帝会在吉日召见远来的客人，交换国书、赐宴赐物、为大使画像，这些都是对遣唐使的优待。如果不立即回去，唐政府会派人陪他们四处逛逛，等到想回去了，就会有一系列的送别仪式。正是唐政府的优待措施让日本的遣唐使、学问僧、留学生在大唐得以满载而归。遣唐副使吉备真备来唐学习，回国后仿唐律改革日本律令制度，仿汉字创设片假名，仿唐历推动日本历法改革，对日本文明进步做出了巨大贡献。2004年9月，

日本传世文献《吉备大臣入唐绘卷》（局部）

在西安东郊出土了日本遣唐使随从井真成墓志铭，这方墓志铭记载了一位鲜为人知的日本遣唐使的生平，目前被收藏在西北大学文博学院。日本学问僧空海在长安青龙寺修习佛学与汉学期间，仿照汉字的草书发明了平假名。假名的发明，使中国的经史子集、天文、医药、技艺等百家书籍迅速而广泛地传向日本民间。日本 NHK 电视台制作的纪录片甚至用"遣唐使把中国搬到了日本"来形容日本对隋唐文化的移植，日本历史上辉煌灿烂的奈良盛世（710—794）就是遣隋、遣唐使在日本传播汉文化的结晶。

二、中亚篇：千邦万国敬依从，四夷率土归王命

如果把中国的唐朝比作一个王冠，那么公元 751 年唐玄宗天宝年间的大唐就是那最夺目的珍珠，而这盛世辉煌的缔造者就是后来被称为唐玄宗的一代传奇天子李隆基。在他的统治期间，唐朝的国力达到了顶点，兵力所即之处，战绩赫赫，令周边国家闻风丧胆，唐朝的统治区域也不断扩大，极盛之时，大唐在西域的势力范围远达中亚阿姆河、锡尔河流域，堪称空前绝后。几乎在同一时期，中东的阿拉伯人也在迅速崛起。自穆罕默德先知和四大正统

哈里发以来，穆斯林已经控制了亚述人、波斯人和罗马人难以想象的辽阔版图，从阿拉伯半岛上的几个部落摇身一变，扩张成一个横跨欧亚非三大洲的空前帝国，向西占领了整个北非和西班牙，向东则把整个西亚和大半个中亚揽入囊中，就连地中海也成了阿拉伯人院子里的小池塘。阿拉伯帝国成为除中国、吐蕃之外影响西域的另一极强力量。

（一）小国乞援

8世纪中叶以来，唐朝在西域、中亚地区的控制力受到了挑战。唐玄宗不断收到来自西域及中亚小国的乞援信。乞援的原因来自于大食的入侵，请求唐朝的帮助。俱蜜国大概位于今天的塔吉克斯坦地区，是唐朝在中亚的属国，国王那罗延曾经向唐玄宗写过这样一封信：

> 臣曾祖父叔兄弟等旧来赤心向大国。今大食来侵，吐火罗及安国、石国、拔汗那国并属大食。臣国内库、藏珍宝及部落百姓物，并被大食征税将去。伏望天恩处分大食，令免臣国征税。臣等即得久长守把大国西门。伏乞照临，臣之愿也。

这封信的汉语用词有些蹩脚，但意思很清楚：现在大食（阿拉伯帝国）来打我们，吐火罗（今阿富汗地区）、河中诸国（今中亚阿姆河、锡尔河流域）都已被迫臣服，我们的国库都被搜刮光了，大食还要对我们课以重税，求天朝教训他们！当年向大唐写过类似求援信的国家，还有康国（撒马尔罕）、安国（布哈拉）、石国（塔什干）、吐火罗（阿富汗）等。这些纷至沓来的求援信，是一次次危机的警号：阿拉伯帝国正步步逼近大唐在中亚的势力范围，中国人经营多年的丝绸之路面临严重威胁。大唐帝国的发展与阿拉伯帝国的扩张之间的矛盾已经不可调和，一场大战正在酝酿之中。

战争的导火索是石国事件。天宝十载（751），唐玄宗以西域藩国石国对唐朝不够尊敬、缺乏臣服之礼为理由，命令安西节度使高仙芝领兵征讨石国。石国与大唐对抗无异于以卵击石，高仙芝刚出兵，石国国王就立即请求投降，并得到了高仙芝的允准。但是贪婪使得高仙芝丧失了理性，他很快就违背承诺，攻占并血洗了石国城池。他像一个红了眼睛的野兽，到处抓壮丁，杀老人、妇女和儿童，搜求财物，俘虏了石国国王。山高皇帝远，唐玄宗并不知道高仙芝在石国的所作所为，只知道他用兵如神，立了大功。所以高仙芝的倒行逆施并没有得到相应的惩罚，反而以赫赫战功晋封右羽林大将军，还在长安城将石国国王斩首。

高仙芝的征讨并没有做到如他想象的那般斩草除根，侥幸逃脱的石国王子向大食（阿拉伯帝国）的阿拔斯王朝（黑衣大食）求救。当时大唐与大食的军事对峙已经剑拔弩张，石国王子的求救，无疑就是引燃这个火药桶的一粒火星。大食打算用围魏救赵的方法，以袭击西域四镇的方式迫使高仙芝退兵。深谙沙场的高仙芝很快找到对策，他决定主动进攻大食，以获取战争的主动权。

（二）怛罗斯之战

天宝十一载（752）四月，高仙芝率领两万汉军及一万葛逻禄部番兵共三万大军越过葱岭（今帕米尔高原），经过三个月的长途跋涉到达怛罗斯与十余万阿拉伯联军相遇，一场大战就此打响。当时安西兵堪称唐朝所有武装力量中战斗力最强、战斗意志最坚定、最专业的一支，面对数倍于自己的阿拉伯军队，唐朝军队并没胆怯，而是发挥出了强大的战斗力，很快就将十万余人的阿拉伯军队打得溃不成军，伤亡惨重。胜利的天平逐渐向唐军倾斜，高仙芝似乎很快就可创造以弱胜强的战争神话。但正所谓"天有不测风云"，战争是充满变数的，战争进行到了第五天，葛逻禄部雇佣兵突然反叛，他们和阿拉伯人对唐军前后夹击。"不怕狼一样的对手，就怕猪一样的队友"，在阿拉伯军队及叛军的进攻下，即便再强悍也终归是血肉之躯的两万唐军难以招架，他们建功立业的梦想被敌人的铁骑踏了个粉碎，一身忠骨和着满腔热血被异国他乡的黄土寸寸冷却。高仙芝在副将李嗣业的保护下乘夜杀出一条血路，逃回了安西，阿拉伯联军也没有乘胜追击，一场大战就这样结束了。

对于这场战争的影响，史学家有不同的解读。俄罗斯史学家巴托尔德认为，怛罗斯战役决定了中亚的命运，中亚本来就属于唐朝，但是怛罗斯战役之后却变成了穆斯林的。"中亚本来就属于唐朝"是指唐政府在中亚地区建立的藩属体制。唐朝初年，中亚各国依附于西突厥，唐灭西突厥以后，中亚各国转而依附于唐朝。唐高宗显庆三年

（658）至龙朔元年（661），唐朝在中亚粟特地区设置了康居都督府（康国）、大宛都督府（石国）、安息州（安国）、贵霜州（何国）、南谧州（米国）等八个羁縻都督府州，在吐火罗地区设置了月氏都督府（吐火罗国）、条支都督府（诃达罗支）、天马都督府（解苏）、鸟飞州都督府（护蜜）、波斯都督府（波斯）等16个羁縻都督府州。各都督府州之下又设羁縻州、县及军府。这些都督府州皆由安西都护府统辖。这些羁縻府州的长官仍由当地酋长担任，他们被授以禁卫将军、郎将的职衔，以唐朝官员的身份对当地部众进行管理。他们还会以朝贡的形式，接受唐朝的册封，融入唐朝的封贡体系。据统计，康国624—772年间遣使朝贡34次，安国638—772年间遣使朝贡18次，石国634—762年间遣使朝贡20次，拔汗那671—762年间遣使朝贡26次，吐火罗635—758年间朝贡27次，等等。据不完全统计，自唐高祖武德七年（624）到唐代宗大历七年（772），中国史书上有明确记载的中亚诸国的朝贡就有200多次。这一时期内的贡品名目繁多，除了侏儒和胡旋舞艺人外，还有动物、植物、矿物、器物、食物、珍宝等不同种类。例如：康国遣使供奉名马、狮子、波斯骆驼、金桃、银桃等，安国遣使供奉两头犬、郁金香、鸵鸟卵等。唐朝对各国朝贡分别进行了册封和赏赐。例如开元六年（718），唐玄宗封突骑施汗国首领苏禄为忠顺可汗；开元八年（720），唐玄宗对乌长国王、骨咄国王、俱位国王进行了册封，各赏赐缯彩 200 段；等等。唐朝通过这种封贡形式将中亚各国纳入唐朝的藩属体制。这就是为何说"中亚本属于唐朝"。

至于说怛罗斯战役之后却变成了穆斯林的，其实有些言过其实。怛罗斯战役后，高仙芝兵败回朝并没有得到唐玄宗的责罚，而是调任河西节度使。新任安西节度使封常清很快稳住西域及中亚局势，唐朝势力并没有退出中亚。唐朝仍然册封诸国，如天宝十二载（753）十月，唐玄宗封石国王男邦车俱鼻施为怀化王。天宝十二载（753）封常清再次率军远征大勃律国（今克什米尔巴勒提斯坦尔），取得了辉煌的胜利。天宝十四载（755），昭武九姓集体向唐朝上表，请求唐玄宗出兵驱逐大食。在怛罗斯与唐军发生冲突的并不是阿拔斯王朝的政府军，而是边疆部队，此时阿拔斯王朝正专注于与拜占庭帝国相互厮杀，并没有注意到东部边疆发生了什么战争。因此，这次战役并未影响阿拉伯帝国与唐帝国的关系。怛罗斯战役的第二年，黑衣大食即遣使来华，这是阿拔斯王朝正式与中国通好之始。仅在唐玄宗天宝十三载（754）这一年时间里，阿拔斯王朝使节就四次进入长安。

（三）东西互动

大唐与阿拉伯朝贡关系由来已久。早在唐高宗永徽二年（651），阿拉伯就遣使和唐朝通好，直到唐德宗贞元十四年（798）最后一批使者来华，前后148年，共计来使41次之多，与唐朝一直保持着友好的关系。使者朝贡的物品有良马、香料、金线织袍、异兽、珍宝等。在唐朝安史之乱后，大食军队也参加了助唐平乱的战斗。在甘肃张掖、酒泉一带，有至德二载（757）助唐讨平安史之乱的大食军队的后裔侨居。中国与阿拉伯之间的商业贸易活动也非常繁荣。大批阿拉伯商人来到中国，他们用脚丈量中国与阿拉伯的距离，将足迹留在长安、洛阳、扬州、广州、泉州等地，静静地伴随着时间的流淌，诉说着千年之前的友谊。

有不少人在中国定居落户、娶妻生子，有的甚至还在唐朝任职。唐宣宗大中二年（848），阿拉伯商人的后裔李彦升在长安考中进士，堪称中阿友好关系史上的一段佳话。

暂且抛开史学界的争论，其实怛罗斯之战对中亚和阿拉伯地区真正的影响和意义在于文化方面。当时唐军随军书记官杜环成为阿拉伯人的俘虏，被带到了大食。他被俘之后流离大食 12 年，遍游黑衣大食全境，并由此开始其传奇的游历生涯，成为第一个到过北非并有著作的中国人。直到宝应元年（762）杜环才乘大唐商船回国，尽管不是自愿和主动的，他的"经行"仍然有着重要的价值。可惜的是，《经行记》早已亡佚，并没能全部留传下来，我们所能看到的，是杜佑《通典》中保留的片段。据《经行记》记载，怛罗斯战役不久，中亚的第一个造纸作坊就出现在撒马尔罕，很快美索不达米亚也出现了造纸作坊与纸张经销商，造纸技术是由来自中原地区的工匠师傅传授的。时间巧合的是，只能是怛罗斯战役中被俘的唐朝士兵在当地生产纸张并将手艺传给了当地的阿拉伯人及中亚人。平滑、柔和、实用的中国纸张很快取代了当时广泛使用的埃及纸草、羊皮、树皮等书写载体，西方文明也因此获得了迅速发展。

三、南亚篇：铁骑踏破极乐土，扬鞭异域蔑沙场

（一）西天取经

唐太宗贞观三年（629），有一位27岁的青年和尚，从长安出发，踏上了取经之路。只见他脚穿草鞋，腰间小包裹里包着衣服，左手拿着经书，右手持拂尘，背着经书箱，书箱顶上是圆盖伞，伞前挂着一盏小油灯，脚步沉稳而急迫。这种最常见的玄奘西行取经的形象，后来成了行脚僧的标准装扮。在长达 17 年的西行取经的路上，没有悟空、八戒和沙僧的保护，没有妖魔鬼怪的纠缠，真人版的玄奘经历了怎样的困难，我们今天无法想象。只是我们知道，在荒无人迹的沙漠戈壁里，在高耸入云的寒冷雪山上，玄奘孤独地前行。任凭黄沙掩埋了他的双脚，骄阳炙烤着他的身体，狂风抽打着他的脸颊，无论山有多高水有多险，他都要翻越过去，他的目标只有一个——到西天取得真经。

贞观五年（631），唐玄奘终于来到了他向往已久的摩揭陀国那烂陀寺——当时全世界最著名的佛教学府。玄奘

在那烂陀寺拜在戒贤论师门下，专研
大乘佛理，很快成为那烂陀寺一代高
僧。但他并不满足，带着对知识的渴
望，于贞观十一年（637）离开那烂
陀寺，开始到印度南方进行巡游和学
习。他遍游五天竺，拜会当地高僧，
切磋佛学精理，寻求佛理本原，受益
颇丰。

《玄奘负笈图》

　　贞观十六年（642），玄奘在印
度最具传奇色彩的经历是佛教史上著名的曲女城（今印度
卡瑙季）辩论大会。当时印度各邦国的盟主戒日王在曲女
城组织大法会，印度地区十八国国王，大乘、小乘佛教的
高僧，婆罗门等7000多人欢聚一堂。玄奘是大法会的论
主，宣扬大乘佛教，提出论题"真唯识量"颂，将它悬在
会场门外，经过18天，没有人敢于挑战他。会后，戒日王
拜服玄奘的学问，对玄奘日加敬重，十八国国王也拜在玄
奘门下做弟子。

　　贞观十七年（643），玄奘正式东归，经由今之新疆南

路、于阗、楼兰而回国，往返共历 17 年，行程 5 万里，于贞观十九年（645）正月回到长安。唐太宗让宰相房玄龄率领文武百官在长安城外举行了盛大的欢迎仪式。玄奘回到长安，带回了梵文佛经 657 部，此后，玄奘在长安专心翻译佛经，费时 19 年，译出 75 部，共 1335 卷。如今这些佛经在印度已经失传，玄奘的译本就成了研究古代印度文化的重要史料。玄奘撰写的《大唐西域记》，记载了玄奘在南亚大陆 100 多个国家的所见所闻，详细描述了 1300 多年前印度社会生活的方方面面，成为对当时印度社会和历史最详尽的记录，在印度历史研究中具有坐标的意义。

（二）大唐使者

唐玄奘对中印文化交流的贡献不仅限于这些，他还开启了中印交流的新纪元，此后印度地区邦国来唐朝贡，唐也派遣使者去印度，政治交流推动了文明的进步，新的文化融合在两国遍地开花。曲女城大会后，玄奘获得了"大乘天"的尊号，戒日王请玄奘骑象巡游天下，宣讲说法，一时间在印度掀起了"中国热"。有一天，戒日王说起了唐太宗和《秦王破阵乐》，他说：早听说秦王从小聪慧伶俐，长大了更是神武无比。当时中国分崩离析，兵戈四起，生灵涂炭，秦王早怀大志，平定海内，圣心仁慈，德泽远被，异域国家无不仰慕称臣，奏起了《秦王破阵乐》。玄奘说：是的，秦王是我大唐天子，《秦王破阵乐》是对我唐天子平定天下、德被四海的赞颂。戒日王说：想不到法师是大唐中人，我们有仰慕大唐之情，可惜山川所阻，不能密切往来。此后，怀揣着对大唐的向往，戒日王对唐玄奘更加敬重。贞观十七年（643）五月，玄奘正式辞别。戒

古舞图《秦王破阵乐》

日王与各国王大臣设宴送别，直至数十里才回头。过了3天，戒日王甚为思念，便又和鸠摩罗王、跋吒王等率数百骑兵追上玄奘，再次送行。这次还增派了4位通译官，戒日王用素毡作书，红泥封印，派通译官先行一步，将文件送至玄奘所要经过的各国国王，吩咐他们热情招待，直到玄奘回国为止。

玄奘与戒日王尸罗逸多的会晤最终促成了中印的官方往来。从《法苑珠林》《旧唐书》《新唐书》等史料可知，641年至648年的八年间，戒日王与唐太宗互派使臣达六次之多，二人各发使三次，平均一年零四个月一次。玄奘如同一道瑰丽的彩虹，架在了中印之间，这种奇妙的缘分将印度历史上的著名君王戒日王与中国历史上的著名帝王唐太宗紧密地联系在一起，英雄相惜，为中印之间的交流做出了巨大的贡献。

贞观十五年（641），戒日王派遣使者抵达唐都长安，使者带来了戒日王的一封书信。书信内容大致表达了对唐朝天子威严的仰慕，传递了想与唐朝建立外交关系的心愿。唐太宗对此格外重视，找人查看了地图，确定了番国位置后，很快决定派遣使者宣慰。经过几个月的准备，唐朝使者梁怀璥很快就出发了。梁怀璥见到戒日王后，受到了戒日王高规格的接待，东向膜拜而受诏书。戒日王的恭敬姿态给太宗的使者乃至太宗本人留下了深刻印象，从而推动了中印的官方交往。贞观十六年（642），戒日王再次派遣使者来唐，唐太宗决定将中印交往提高到一个新的高度，改遣使宣慰为正式出使。贞观十七年（643），唐太宗派出了以卫尉丞李义表为正使、黄水县令王玄策为副使共计 22 人的使团出使摩揭陀王国。当时出使的目的有三个：一是送戒日王使节回国；二是获取熬糖法；三是宣扬天子圣德。使团到达摩揭陀王国后，戒日王亲率文武百官在郊外迎接，国人纵观，焚香夹道，向大唐方向膜拜受敕书等。而后，戒日王专门派人陪同使者在印度地区游玩、参佛，不亦乐乎。时间很快到了贞观二十一年（647），长安城再次出现了戒日王的使者。这次使者给唐太宗进献了火珠及郁金香、菩提树。唐朝时期火珠仅见于西南各国，中印度并不盛产，是稀有宝物。印度传统认为不能将印度花果的种子带离本土。而戒日王既献火珠，又献上郁金香和菩提树，表明他对促进中印交往心意至诚。

没过多久，唐太宗派王玄策再次出使印度，任谁都想不到的是这次出使最大的辉煌是成就了王玄策"一人灭一国"的一世英名。当王玄策作为正使，率副使蒋师仁等30余人历经千难万险刚踏进天竺国的领土，就遭到了中天竺兵的袭击，所带的贡品被洗劫一空。作为一个大唐的使节，出使天竺是件光彩的事情，不想竟遭到了这样的待遇。原来，戒日王尸罗逸多已经去世，臣子阿罗那顺自立为王，政变来得很突然，整个北印度分崩离析，陷入混战之中。阿罗那顺派兵抢劫大唐使节，不单单是为了贡品，目的是想诛杀戒日王的使臣及大唐的来使。阿罗那顺如此胆大，竟敢动唐朝使节的念头，无非是因为唐朝离天竺国遥远，鞭长莫及。另外，他也担心戒日王的使臣会与唐朝的使节达成同盟，对其不利。阿罗那顺的进攻，使得王玄策及随从30多人全部被俘。但王玄策十分机灵，趁夜色逃脱，日夜兼程，赶往吐蕃西部边境。想当初张仪凭借一张三寸不烂之舌，惹得诸侯胆战心惊，王玄策作为一个使节，不精战术，却深谙外交之道。他先派人通知了吐蕃赞普松赞干布，要求火速支援。当时松赞干布娶了文成公主，面对公主娘家人的要求，松赞干布是有求必应。王玄策又来到吐蕃西部的泥婆罗王国，以吐蕃赞普的名义向老国王借了七千骑兵，加上吐蕃派的一千二百精兵，合兵一处，浩浩荡荡地向中天竺出发了。经过三昼夜的混战，王玄策一举拿下中天竺，斩首万余人，俘获阿罗那顺等 12000 人，支持阿罗那顺的东天竺也在王玄策的兵锋之下表示臣服。

唐太宗时期，从民间的交流到求法僧不畏艰险西行求法，再到官方使臣频繁往来，中印的关系仿佛从冬眠的湖水一下子变成了波涛汹涌的江河，开启了中印交流史上的新时期。印度地区来唐朝贡的不仅有中天竺的摩揭陀王国，还有很多国家。比如位于阿富汗与巴基斯坦交界处的罽宾国于贞观十年（636）、贞观十六年（642）、显庆三年（658）、开元二十七年（739）、天宝四载（745）、乾元元年（758）等遣使来唐朝贡，献上珍奇贡物，接受唐朝皇帝的册封；位于克什米尔的迦湿弥罗国在唐玄宗开元元年（713）遣使来唐朝贡，得到唐玄宗热情招待，开元八年（720）唐玄宗册封其国王真陀罗秘利为固失密国王；位于巴基斯坦东部雅辛河流域的勃律国，唐玄宗时期曾遣使来朝贡，开元八年（720），唐玄宗册封国王苏鳞陀逸带为勃律王，以后朝贡不绝。

（三）中印互动

唐朝与印度的政治交往，带来了两地之间的经济文化交流。在唐朝政府开明的政策引导下，印度的佛教、音乐、历法、医药等被广泛地传到中国，大大丰富了唐人的日常生活，使唐朝文化更加丰富多彩。印度的熬糖法传到中国，唐朝人终于熬制出洁白如雪、晶莹剔透的白砂糖。传入中国的印度物产还有琉璃、硝石、胡椒、蜜草、甘蔗、沉香、犀角等，我们熟悉的一些花草植物，如郁金香、茉莉花、昙花、天竺桂、菩提树等也是从印度传过来的。唐代从印度传来的医术尤以眼科著名。诗人刘禹锡就有一首诗《赠眼医婆罗门僧》，描述了患白内障的痛苦和印度医术的高明。由于中国文化的向心力和发达程度对印度有着强大的吸引力，很多优秀的中国文化成果先后传播到印度，例如道教代表人物老子及《道德经》就是这一时期传至印度的，它加深了印度人对中国道教的理解。中医、造纸术和瓷器的流传，更是对印度产生了深远的影响。

第三章

万国来朝与大唐帝国

第一节　繁荣的经济

长安城中设有东市、西市两个大市场，是当时长安城两大著名的商业中心。现在的西安交通大学一带，坐落于曾经的东市遗址之上，车水马龙，人声鼎沸，在当时主要面向国内市场。西市位于西安市劳动南路和东桃园村之间，作为千年前全球最大、最繁荣的国际商贸中心和时尚娱乐中心，也被称为"金市"。

"大唐东市"是国内贸易集散地，各地特产云集于此；"大唐西市"则是世界各国的国际贸易中心，汇聚全世界的奇珍异宝。人们只要来到"东市"和"西市"，就能买到全世界的各种商品。后来，人们把购物称为"买东西"，"东西"一词就来源于"东市"和"西市"。

唐代长安的东市和西市依着皇城南面，互相对称地设置在东西两侧，作为全国交通干线、宽 150 余米的朱雀大街，横贯城区，从皇城正南方穿梭而过。从皇城正南门朱雀门沿着朱雀大街悠闲自在地往东走三坊之地即为东市，往西走三坊之地即为西市。东、西二市分别设置有两个北门，这四座北门不约而同地面朝这条东西向的交通干线，因此，不论是居住在城区北部的达官贵族，还是居住在城区南部的普通居民，都可方便地购物。此外，东市往东不远处就是长安城的东大门春明门，而西大门金光门就在西市西边不远处，而这两座东西城门以开放热情的胸怀迎接城外各地商人来长安经商贸易，共同书写盛世传奇。

一、西市篇：五陵年少金市东，银鞍白马度春风

"大唐西市"作为国内唯一在唐长安西市遗址上再建的国际商旅文化产业项目，是唯一反映盛唐商业文化和市井文化的项目，也是唯一可以用丝绸之路起点命名的项目。它穿越千年时光，展现了大唐商业盛景，诉说着那段充满异域风情的丝路故事。"大唐西市"项目占地约 500 亩，总建筑面积 135 万平方米，总投资 80 多亿元人民币，规

划建有金市广场、金市超五星级酒店、文化演艺中心（大型盛唐西域歌舞、影视艺术中心、民俗文化展示、唐朝宫廷宴）、古玩艺术品交易中心、文博展示接待中心（大唐西市十字街遗址展示、丝绸之路起点标志、最具人文特色的国内外贵宾接待中心、大唐西市博物馆）、中华美食街区、休闲娱乐时尚街区、现代大型购物中心、旅游纪念品交易中心、丝路文化体验街区等充满文化魅力的项目。漫步其中，仿佛时光被凝固在了千年之前，时空的交错让你沉醉在往昔大唐帝都的富足和当下中国的强盛中难以自拔。该项目被列为陕西省、西安市的"十一五""十二五"重点建设项目和全国光彩事业项目，是西安市唐皇城复兴计划的重要组成部分，并先后荣获"国家文化产业示范基地""国家 AAAA 级旅游景区""国家级非物质文化遗产生产性保护示范基地""中国文化遗产保护与传承典范单位"等荣誉称号。岁月消磨不去曾经的繁华，它承载着盛唐商业文化的精髓，它展现着大唐商业盛景，它婀娜多姿，诉说着充满异域风情的丝路文化，它唤起我们心底那份"大唐之梦"，吸引着我们去走近它、了解它，去感受一种开放包容的盛唐气韵、解读一段融古贯今的商业佳话。

唐长安城作为当时全世界首屈一指的国际化大都市，城中的"东市"和"西市"既是全国工商业贸易中心，更是中外进行经济交流活动的重要场所。不过，东市由于靠近太极宫、大明宫、兴庆宫，周围基本都是皇室贵族和达官显贵宅第，市场经营的商品基本都是满足皇室贵族和达官显贵玩乐的奢侈品。西市是丝路文明的起点，当时的市井文化、胡汉文化、中外文化在此交流发展，迸发了无限的生机和活力，所以今天"大唐西市"的开发才显得那么重要。

西市是始建于隋初、兴盛于唐的商业市场，原址位于唐长安城皇城外西南方向，是长安城最大的商业中心，也是当时世界上最大的市场。考古实测拂去历史的尘埃，为人们揭开了西市的神秘面纱，考据得出了当时西市的大致面貌：它大致是正方形的，南北和东西长度都是 1051 米，面积为 1 平方公里，占地 1600 亩，建筑面积 100 多万平方米，几乎相当于被列为世界历史文化遗产的丽江与凤凰古城规模之和。如此规模巨大的市场即使在今日也堪称是巨无霸。时光封尘了曾经的繁华，今西安市莲湖区东桃园村以东、老糜家桥以西、东桃园桥以北、中国航空器材公司西北分公司以南以及现在的劳南市场一带，掩盖了曾经西市的辉煌，隐隐地吟唱着往昔的颂歌。西市内南北向和东西向各有两条均宽16米的街道，四街纵横交叉成"井"字形，将整个市内划分成9个长方形区域。西市的9个区域四面均为街道，街道两旁栽种槐、榆，大道笔直，绿树成荫，十分壮观，通过白居易给张籍的诗中所描写的"迢迢青槐街，相去八九坊"就能窥见一斑。每个区域的周边都临街，便于交易。每个区域内还有便于内部通行的小巷，有的巷道下还有砖砌的暗排水道，与大街两侧的水沟相连。临街部分出土的商业店铺遗址表明，房屋的规模不大，面阔4至10米，进深3米多，均沿街毗连，当时店铺多为前店后厂，可以说是"商品一条龙"服务。这些都足见当时城市功能的健全。

（一）琳琅满目

从史料和西市考古出土物证可知，西市几乎包容了当时世界上流通的所有商品，驼铃叮当，各种满载货物的驼队车辆川流不息；人声喧闹，不同国家、不同肤色的商人摩肩接踵，店铺林立，商幡招展，货物堆积如山。据文献记载，进驻西市的有 220 行之多，商铺 4 万多家，分为邸、店、肆、铺、行等，如：酒肆、茶肆、肉肆、书肆，珠宝店、瓷器店、蜡烛店、银器店，绢行、帛行、衣行、药行、铁行、面行、米行、油靛行、秤行，竹木市、骡马市、家禽市、劳力市、奴婢市等。当时还出现了金融业的雏形——柜坊。柜坊可代人存放钱财和贵重物品，凭信物支取，也可以长期存放。

当时西市市场上的商品大致可分为粮食、纺织品、皮革、衣服、蔬菜花果、水产品、肉品、牲畜、生活用品、生产用具、牲畜、文化用品、丧葬用品等 20 多个种类，如粟、米、小麦、大麦、粳米、大豆、麦面、绢、帛、绫、缯、罗、绵、棉布、丝、绮、纱、缣、麻布、白叠布、胡饼、饆饠、蒸饼、粽子、煎饼、团子、馄饨、白衫、大衣、布鞋、丝鞋、麻鞋、帽、皮带、皮衣、韭、蒜、荠、萝卜、橘、柑、枣、桃、梨、牡丹花、鱼、盐、酱、醋、油、茶叶、茶水、酒、葡萄酒、柴、草、木炭、牛肉、猪肉、羊肉、盘、杯、盅、壶、瓶、瓷枕、灯、剪刀、铜镜、骨梳、钗、笄、紫玉钗、竹席、茶碗、蜡烛、碗、盆、坛、罐、乐器、铁钉、铁棍、犁、锄、铲、珍珠、玛瑙、水晶、香料、玳瑁、沉香、金器、银器、玉器等，品种繁多，不可胜计。这些商品从衣食住行到文化卫生，从金银珠玉到地下矿产乃至于丧葬用品，无所不有，相当丰富。让人意想不到的是，西市还出现了最早的保健饮料。

这种保健饮料叫饮子，是一种养生类的保健茶。据说有一户江南人家来长安的西市谋生，父亲是书生，因可怜隔壁的老太太病重无人照料，粗通医理的他提笔写下一个方子，让女儿煎好，喂给老太太喝。奇迹出现了，老太太喝了几服药后竟然健壮如初。女儿受到启发，在西市开了一家店，专卖这种汤水，父亲为汤水起名饮子，治好了许多病人。据《玉堂闲语》《太平广记》记载，这家店生意特别红火，人们不管远近都纷纷前来买药。门前拥挤，喧闹声响遍京城，以至要花钱雇人看守门户。来买药的人，有的等了五七天还未买到药，可想而知，这家店是财源滚滚来。酒香也怕巷子深，有一个好的代言人是十分重要的。机缘巧合，当时大宦官田令孜有病，海内的医生都看遍了。至于宫中御医与待命供奉内廷的医师，全都诊断不出来他患的是什么病。他听说西市的饮子可以治病，于是派亲信去取药，喝完药后，田令孜的病很快就好了，为此田令孜厚赏了卖汤药的这家店。之后，这家店的名声比以前更响了。

西市不仅经营琳琅满目的各类商品，而且荟萃国内外的奇珍异宝。《太平广记》一书中曾经记载了西市珍奇的王四郎金子、神秘的镇国宝碗；《南部新书》记载胡人慧眼，善于识宝，西市胡人贵蚌珠而贱蛇珠。此外，西市的美酒、美食闻名遐迩，酒肆中貌美胡女的歌舞惊若天人，经商胡人举觞痛饮，文人墨客的畅饮赋诗，构成了盛唐歌舞升平的景象。

（二）繁华景象

鼎盛时期的大唐西市，商贾云集，每天的客流量达15万人，极尽繁华。由于西市的繁荣，这个地方进而成了财富的象征，因此西市也被称为金市。据记载，杨贵妃的兄弟姐妹曾于天宝十载（751）的元宵节夜游，与唐玄宗的女儿广宁公主及驸马一行争进西市门时发生争执。当时杨氏家奴气焰嚣张，并没有把公主及驸马放在眼里，挥鞭打了公主，公主受到惊吓，从马上坠落下来。驸马程昌裔下马搀扶公主，也被杨氏家奴打了数鞭。公主泣诉至皇上，唐玄宗杀了杨氏家奴，但驸马也被免了官。事后杨贵妃仍觉委屈，玄宗于是召集两市杂戏来讨贵妃欢心。这个故事尽管展现了杨氏家族一人得势、鸡犬升天的嚣张跋扈，但也从一个侧面反映了西市的繁华，由于游人如织，肢体碰撞难免，也就易起争端。

关于西市的繁华，还有两则故事可以证明。《太平广记》卷中《吴凑》一文记载说，唐德宗紧急任命吴凑为京兆尹，叫他即刻上任。闻讯而来祝贺的客人们到府上的时候，宴席已经摆好了。有人问怎么这么快？门吏说："东市西市每天都有礼席，可以随时带着盆锅去买。所以三五百人的宴会，可以立刻办妥。"西市的繁华，由此可略见一斑。《太平广记》中《魏伶》一文也记载了这么一则趣闻：唐魏伶为西市丞，也就是现在的市场管理员。他养一赤嘴鸟，那鸟儿很会讨人喜欢，每天在市场上向商民要钱，从每个人那里叼一文钱回来给魏伶，每天都能收数百文，时间长了人们便给这只鸟送了个外号叫"魏丞鸟"。这虽然只是一个官员欺压商民的故事，但仔细想来一只讨钱的鸟每天都能叼回数百文钱，也可见西市每天的交易量之大及市场的繁盛。

西市的繁盛使得许多精明的商人富甲一方，甚至是富可敌国。窦乂就是其中的典型。窦乂家境比较好，但从不依赖家庭。在他13岁的时候，有一个亲戚从安州（今浙江省武康县）带回十几双当地的丝鞋，分送给孩子们。孩子们纷纷争先挑拣，唯独窦乂一人不动。等大家挑完了，剩下最后一双，窦乂将这双在长安算稀罕物的丝鞋拿到集市上换回五百钱，再去铁匠铺打制了两把小铲。

来年五月初，榆钱黄熟，满城飞落。窦乂扫聚到榆钱十余斗，然后对当检校工部尚书的伯父说，想"借庙院习业"。工部就是今天的建设部，伯父管的是"宫苑"、"闲厩"还有"庙院"，自然答应了侄儿。窦乂每天用两把小铲在庙院里播种榆钱。等到秋天，长出小树苗一千万多株。待到第二年，窦乂将苗间出来，共有一百多捆榆苗，每捆如二尺粗的柴捆，每捆卖十多枚铜钱，赚了第一笔钱。五年后，当年植种的榆树苗已经长大成材，其中有盖房屋用的椽材一千多根，卖得三四万钱；还有造车用的木料一千多根，又大赚了一笔。就这样，窦乂拥有了第一桶金。依靠这第一桶金，接下来就有了"窦乂买坑"的传奇故事。

大唐西市秤行的南边，有"十余亩坳下潜污之地"。天长日久，成了大家倒垃圾的地方。窦乂预见到西市的发展前景，提出要买这块洼地。主人大喜过望，连丈量也免了，收下三万文钱就忙不迭把地皮归到了窦乂名下。窦乂在臭水洼中的垃圾堆里立一木杆，杆顶挂一面小旗。再围绕臭水洼临时搭起六七间简陋小屋，雇人制作煎饼、团子等小吃，同时贴出广告招呼大人小孩前来投掷石块、瓦片。凡击中木杆上的小旗者，免费奖给煎饼或团子吃。不到一个月，居然有上万人次前来投掷石块、瓦片，臭水洼迅速被填满了，垃圾埋在了地下。窦乂就在填平的这块地皮上建造了20间店铺，且很快就租出去了，每天单房租即可收取几千钱，获利甚多。这个地方由此得名"窦家店"，不久就成了繁华街市。窦乂就此一步一步成为一代巨富。真是君子爱财，取之有道。

西市的繁盛与唐政府对西市的有效管理是分不开的。

西市每天要进行大量的商业往来，也就发生了许多与金钱有关的故事。五花八门、不断滋生的千行百业，堆积如山、让人眼花缭乱的各种商品，如潮水般涌来的各国商人，再就是商界难以避免的游戏规则与潜规则……稍稍细想，便让人头皮发麻，唐王朝是如何规范管理这庞大的世界性的超级大市场的呢？其实事情并不像我们想的那么复杂，唐人办事，提纲挈领，抓住要害，删繁就简，反而简单易行。西市设市署与平准署进行管理。市署有令、丞、录事、府、史、典事、掌固等官吏专管市政。它的职能主要有两个方面：一是定时交易，击鼓开市，击钲闭市；二是保证公平，统一度量衡具，凡粗制滥造的伪劣商品一律没官，交易的骡马和奴婢则要公验和立卷，防止欺诈。平准署是直隶于太府寺的机构，协同市署管理相关事务。它的主要职能是平抑物价。物价低落，官府收购，物价上涨，官府又以平价出售。为了维护市场治安和正常秩序，长安西市内设有"果毅巡逻"，相当于现在的城管。果毅巡逻定时巡查市场，对于那些侵占街道的小商小贩、乱搭滥建的商户等实行严格执法。此外，他们还有维护市场治安、防止发生骚乱的职责。正是这些切实可行又便于操作的措施，保证了大唐西市的有序、公正和诚信。西市恰是任何时代商品交易所需要的最起码、最终极，也是最阳光、最健康的商贸场所。正因为大唐西市这种如日中天的诚信声誉，使得各国商人和投资人纷至沓来，他们不用担心受到欺诈，更无需到官家"打通关节"，只需操心自己的买卖，把它做大做强。大唐西市沟通了当时世界上最强大和最活跃的唐帝国、波斯帝国、罗马帝国和阿拉伯地区，真正拉动、活跃了大半个地球的经济，今天世界贸易组织的所谓"游戏规则"早在1300年前就被唐人运用得炉火纯青。

（三）全球视野

西市的繁荣与西市商贸的国际性也是分不开的，当时的西市是世界最大的经贸场所和最大的物品集散地，也是丝绸之路的起点。畅通的丝绸之路，富庶强盛的中国，吸引了大量来自波斯、阿拉伯、印度的商人，他们在古老的丝绸之路上，伴随着清脆的驼铃，满载各种奇珍异宝在连通中原与西域的路上来往运送，传递着和平与友谊。作为丝绸之路的起点，西市是他们的淘金之地、圆梦之所。他们将充满东方神秘色彩的丝绸、铁器、瓷器等物品销往西亚、北非乃至欧洲，又将西方的骏马、狮子、鸵鸟、独角兽、赤绿玻璃等珍奇宝物带到了中国。西市会集了来自中亚、西亚、东南亚及高丽、百济、新罗、日本等各国各地区的商人。西亚商人聚集的街坊叫波斯邸、回鹘邸、大食邸等。邸、店往往存放有大量现金，它们大概是外国商人在唐贸易的据点。西市内有波斯人开的馎饦店、珠宝店，馎饦就是现在中亚、新疆等地伊斯兰教民族中盛行的"抓饭"，在当时颇受欢迎，有位明经考生竟一次在此店吃馎饦达2斤之多。波斯等国的西域胡商有不少人经营珠宝、金玉等贵重物品，十分富有。史书中盛赞胡商善于辨别珠宝的质量。据《南部新书》记载，西市的胡人能识别出蚌珠与池珠之间的差别，他们更喜欢蚌珠。当时长安大安国寺有一枚水珠，当地的僧人拿到市场去卖，结果没有人能辨认出它是真宝贝，所以给的价格比较低。后来一位西域胡商发现它的价值，就高价买走了，这个胡商是大食商人。西市内有胡商经营的饮食业。他们开设的饭馆、酒馆、饼肆等颇受长安各阶层人士的欢迎。带有浓郁异域风情的胡姬酒肆成为当时西市的一道亮丽风景线,许多文人学士在这里流连忘返,李白在《少年行》中咏道:"落花踏尽游何处,笑入胡姬酒肆中。"还有占卜者、卖药人、杂戏艺人,多不胜数,所谓"四方珍奇,皆所积集",大唐西市的规模之大和货物之盛,已无法再现,只能凭典籍去想象。

外国商人给西市带来了物质财富,同时也带来他们的信仰。西市附近的各坊,自武德四年(621)以来陆续修建了若干中亚、西亚一带人民所信奉的祆教和景教寺庙。据史书记载:长安的布政坊、醴泉坊、普宁坊、靖恭坊即设有祆祠。祆祠是祆教寺庙,说明当时西市及附近各坊聚集了很多中亚、西亚人。长安的义宁坊、醴泉坊还设有波斯寺,即景教寺庙。外商长期在长安经商,在衣食、礼仪、风俗等方面势必受到汉族的强烈影响,并将这些风俗习惯带回本民族。胡商穿汉服、娶汉族女子为妻妾、崇尚汉人习俗者亦屡见不鲜。安史之乱后,回纥商人在长安"或衣华服,诱娶妻妾"成为一大时尚,有的胡商久居长安,安居不欲归,成为长安的永久居民。可以说,西市既是外部世界了解大唐文化的窗口,也是唐人品味异域风情、领略异域文化的一方乐土。

唐朝是我国历史上最为繁盛的封建王朝之一，其经济总量占到当时全世界的 40%，仅唐长安的 GDP 就有当时欧洲所有国家、都市之和的 5 倍之多，国力强盛可见一斑。西市特殊的经济文化地位使它成为中国历史上第一个"特区"，各种宗教、各国人士、各类文化在此碰撞、融合、共生，唐文化的开放、博大、包容在这里得到了最极致的体现。

二、东市篇：百千家似围棋局，十二街如种菜畦

东市设立在万年县，在隋朝时期就已经出现了，当时被称为都会市。唐代的东市西接平康坊和宣阳坊，东连道政坊和常乐坊，北邻胜业坊和兴庆宫，南通安邑坊，大约占两坊之地。据考古实测：东市南北长 1000 余米，东西宽广 924 米，面积为 0.92 平方公里。今天的范围大约是：东侧边界在今之西安交通大学西侧，西侧边界在今之安西街东侧，南侧边界平今之友谊东路，北侧边界平今之咸宁西路。市周有墙，墙内有沿墙平行的街道，皆宽 14 米。市内南北、东西向的街道各两条，四街交叉成"井"字形，将

整个市场划为九个长方形，最中间设有市署等管理机构。每坊的四面均临街，排到市肆。

东市靠近三大内（西内太极宫、东内大明宫、南内兴庆宫），周边广居权贵，包括国子监、进奏院，即诸州、诸藩镇驻京师机构的寓所，都居这一片繁华之地。一心想要考取功名的进士考生难免有所活动，因此也常常居住在此，市场经营的商品，多上等奢侈品，以满足皇室贵族和达官显贵的需要。文献记载东市有笔行、有铁行、有肉行、有饆饠肆、有酒肆、有书肆、有货锦绣探帛者、有琵琶名手、有赁驴人、有杂戏等。

长安东市还出现了药行。据《华严经》卷五记载：调露二年（680）的五月一日，居士康阿禄山染病身亡，第五天以后，突然苏醒，讲起了自己云游地府的事。他在阎罗殿见到了调露元年（679）去世的东市卖药人阿容师，他与其他七百人被拴在锅里面接受蒸煮的刑罚，现状十分惨烈。阿容师生前喜欢煮鸡蛋吃，触犯了佛家不杀生的戒律，死后被打到地狱接受蒸煮的刑罚。不堪其罚的阿容师后悔不已，但为时已晚。直到一年后，意外在地府遇到了康阿禄山。他先认出了康阿禄山，便立即请求他帮忙捎个口信，以减轻自己在地府的苦难。他说："我的儿子行证是个有仁爱之心的好孩子。您告诉他，让他手抄《华严经》一部，虔诚佛法，替我赎罪，这样能减轻我的痛苦。拜托了，拜托了。"阿容师深深作揖，此情此景，让康阿禄山感受到了巨大的压力。受人之托，忠人之事。康阿禄山苏醒后，很快就把阿容师的嘱托告诉了他的儿子行证。行证是个大孝子，听说自己的父亲死后在地府受难，很是悲痛。面对父亲的嘱托，他一点也不敢怠慢，很快到了西大原寺，请回《华严经》，不分昼夜地抄写起来。起初，阿容师死后，家里人都认为他到了西天极乐世界，没必要有太多的牵挂，晚上也不会梦到他。行证开始抄《华严经》以后，全家人都做了同一个梦，梦到阿容师高高兴兴地回家了，一家老小在一起欢畅不已。到了永隆元年（680）八月，阿容师三周年忌日已过，行证请大德高僧举办了一个超度大法会，赶巧康阿禄山也来凑热闹，令康阿禄山不可思议的事情发生了，大法会进行中，只见死去的阿容师及七百恶鬼来到法会中忏悔受戒，着实让看热闹的人吓了一跳。受戒仪式过后，阿容师及七百恶鬼齐齐感谢佛法，他们借助于抄经的恩惠，被借调到天堂享福去了，说完就消失了。这虽是一则离奇古怪的故事，但其中"东市药行"和"东市卖药阿家"是具有一定的真实性，说明东市有药行存在。阿容师和康阿禄山都是来自康国的粟特人，说明在东市经营药材的店主中还有来自中亚的胡人。日本有僧圆仁在长安求法，遇东市失火，印象极为深刻，其记曰：会昌三年（843）"夜三更，东市失火，烧东市曹门以西二十四行四千四百余家，官私财物、金银绢药，总烧尽"，说明直到会昌三年仍有药行存在。

长安东市还有卖胡琴者，这要从唐朝大诗人陈子昂说起。"前不见古人，后不见来者，念天地之悠悠，独怆然而涕下"的千古名篇让这位唐代的大诗人名扬千古。可是咱们这位大诗人也曾有过怀才不遇的苦恼。陈子昂初到长安就住到了东市周边的宣阳坊，因为他来自蜀地，很多人不认识他，并没有把他放在眼里，这让陈子昂非常苦恼。他经常一个人到集市中闲逛，借助喧闹的人群，才能忘记自己的落寞。一天，他策马东市，被喧嚷的人群挡住了去路。下马一打听，原来是一个人在卖胡琴。胡琴要价百万钱，这价格把不少买主变成了打酱油的围观者。陈子昂的目光落在这把天价胡琴上，却幻化出另外一个美丽的前景，接着他掏出一千缗，眉头也不皱一下，把琴买下来了。"土豪，土豪""简直不拿钱当钱"，人群中不时有人发出感慨。好事者也开始了"人肉搜索"，原来这个土豪叫陈子昂，四川来的。陈子昂见众人兴趣正浓，便说："这把琴是绝世好琴，我打算在宣阳坊开办个人音乐会，让大家欣赏这把价值一百万钱的琴的声音。请您在明天，带上您的亲友，一起来我家观赏我的表演。大家一听，很有兴趣，于是长安人互相转告，许多闲暇无事的达官贵人也都想去看看热闹。

第二天，陈子昂的住所被挤得水泄不通，大伙都等着陈子昂的音乐会呢。陈子昂见长安城里的有头有脸的人物大部分到了，才捧琴出场，但接下来的一番话却出乎大家的意料：各位，我陈子昂本是蜀地的学子，费尽心血写了一百来篇文章，在京城奔走多年，可惜都没有遇上一位知音。至于这表演胡琴，本来是卑贱的乐工才做的事情，我怎么会花心思在上面呢？"话刚说完，就把那价值一百万钱的胡琴当众摔烂了。然后一挥手，出来许多僮仆，将他写的一些文章，分别赠送给在场的每位宾客。

摔碎一把名琴，推出自己的文章，这一招让陈子昂在一天之内就名满京城。当时的建安王武攸宜特意聘请陈子昂当自己的秘书，总算给了他一个展示自己才华的机会。

东市商贸活动的繁荣，到了唐后期表现为孕育出以东市为中心的特色商业区，这种特色商业区是从坊市制以及夜禁制度的解体开始的。坊市制是指市场交易局限在东市和西市中，居住坊内的商业活动是严格禁止的。然而，随着长安城商品经济的发展，行业分工的细密，这样的规定已经无法完全满足城市人民的物质需要了。商人们的商业活动逐渐从市场内延伸到居民坊。东市平康坊的坊内东北部，诞生了官员与富商出入的大型风月场所，而位于平康坊北部的崇仁坊，则形成了进京的地方官员与旅客们留宿的客栈街，成为城内最喧闹的坊。同时崇仁坊聚集着乐器制造业者，尤其是南北两赵家名声显赫为人所知。据《乐府杂录》记载：唐文宗的时候，宫人郑中丞以弹奏胡琴闻名天下。当时内库收藏了两个琵琶"大忽雷"与"小忽雷",郑中丞爱之如命。有一天他在弹奏小忽雷时,不小心弹掉了匙头,就赶往崇仁坊南端的赵家去修理,说明赵家修理乐器水平之高。夜禁制是指商业活动只能在白天进行,每天中午,两市击鼓三百下,各家店铺开始营业,日落前七刻,击锣三百下,店铺关门。但随着商品经济的发展,仅限白天进行商业活动已无法满足城市各阶层的需要,于是长安城坊区内出现了"夜市",最著名是东市周边的崇仁坊、平康坊,夜市的出现是商业发展的必然结果,也是长安商业空间繁荣的重要标志。

第二节　灿烂的文化

一、吸纳篇:海纳百川为己用,有容乃大铸辉煌

"为救李郎离家园,谁料皇榜中状元。"黄梅戏《女驸马》描述了民女冯素贞与落难公子李兆廷的传奇爱情故事,大致展现了女扮男装冒名赶考、偶中状元误招东床驸

马、洞房献智化险为夷等一系列近乎离奇却又在情理之中的戏剧情节，塑造了一个善良、勇敢、聪慧的古代少女形象。其中"洞房献智化险为夷"最为惊心动魄。冯素贞女扮男装中状元后，被皇家强招为驸马。洞房花烛之夜，素贞冒死陈词感动公主，得以化险为夷。如果这个故事发生在唐代，冯素贞与李兆廷的爱情故事可能要以悲剧收场。女扮男装是唐代的风尚，人们在判断性别的时候就会格外注意，冯素贞冒名李兆廷去考试很容易便会被识别出来，也就不会中状元，不会被招为驸马，不会为李兆廷伸冤，不会成就美满爱情。这种戏剧故事情节只适合于那种妇女长期在封建礼教的禁锢之下，笑不能露齿、站不能倚门、行不能露面、穿着打扮有着严格规范的历史时期。而唐代妇女自信、豁达、从容、乐观，她们有权选择自己的打扮、左右自己的生活、决定自己的命运，她们是唐文化开放、多元、海纳百川的代表。

据说女扮男装始于太平公主。提起太平公主，几乎无人不知，作为唐高宗李治与武则天的女儿，她也是唐朝有名的政治家。一次唐高宗和武则天举行家宴，他们的爱女太平公主一身男性装束，身上穿着紫衫，腰里系着玉带，头戴皂罗折上巾，身上佩戴着边官和五品以上武官的砺石、佩刀、火石等7件饰物，以雄赳赳的男子仪态歌舞到唐高宗面前。唐高宗与武则天并没有责怪她，而是笑着对她说：女子不能做武官，你为什么作这样的打扮？显然是对她女扮男装的包容和鼓励。此后，人人竞相效仿，唐代女子女扮男装成为时尚。从宫内到宫外，上自贵族下至民间，女子身穿男士衣衫、脚蹬男士皮靴成为时尚，以至于女子服装也慢慢地男性化了。可以说，中性化打扮的女子在当时是比较受欢迎的。唐武宗时期女扮男装也很盛行。唐武宗的妃子王氏，不仅能歌善舞，而且还有政治才能，她曾帮助武宗获得皇帝之位，深受武宗的宠爱。王氏体长纤瘦，与武宗的身段很相似，当武宗出外打猎的时候，她穿着男子的袍服陪同，并骑而行，由于她与武宗的形象差不多，人们分不出来哪个是皇帝哪个是妃子。唐武宗太喜欢她了，一直想把王氏立为皇后，但宰相李德裕不愿意。李德裕认为王氏出身寒微，入宫多年也没有子嗣，不宜立为皇后，唐武宗也认为这两条合乎情理，也没再动册立的心思。这样，王氏也就失去了执掌后宫的机会。王妃的男装显然是武宗所欣赏的，至少是被武宗所接受的。这些生动鲜活的生活场景，也被定格在了弥足珍贵的唐墓壁画之中。1995年陕西省富平县出土的唐节愍太子李重俊墓的壁画《男装侍女图》就是其中的代表。画面描绘的是三

唐代李重俊墓壁画《男装侍女图》

唐代李凤墓壁画《捧物男装女侍图》

名身着男装的侍女：左一侍女身穿大袖襦裙，两肩呈翘起的翅状，右侧两侍女身着赭色窄袖长裙，头戴幞头，充分展现出了唐代女性喜着轻便男装的社会风气。1973 年陕西省富平县出土的唐高祖第十五个儿子李凤墓中的《捧物男装女侍图》壁画也是其中的代表。《捧物男装女侍图》描绘了一个身穿男子服装，手捧包袱呈行进姿态的女子形象。只见她头戴黑色幞头，身穿大红色圆领袍服，下着条纹波斯裤，足穿线鞋，双手紧贴胸口，手中捧着一个物品，边走边回头望。线鞋是一种便于活动的轻便鞋，往往用麻绳编鞋底，丝绳做鞋帮，做工十分考究。唐墓壁画中女扮男装的侍女大多仍穿女鞋，也从另一方面表明女子在女扮男装和追求精神自由的同时，也不忘自身的女儿情趣。

女扮男装的衣饰习惯是唐代妇女在开放的文化状态中自我选择的一个表现，开放的唐文化对于外来文明，只要喜欢，便信手拈来，毫不介怀，也使唐代妇女对于衣饰方面有了更多的选择权，让她们充分显示自我个性，引领一代服饰文化的潮流。

唐朝的女性是幸福的，她们不仅可以穿着帅气，展现英姿飒爽，她们也可以温柔性感，展现女子的魅力。人们过去只知道西方妇女穿袒胸露乳的服装。其实，一千余年前的中国唐代妇女早已经穿上了类似的袒露装。裙装袒露，展示人体美的唐代女子服饰是古代服装史上的一大创举，与"三寸金莲"对女性的一种畸形审美是有着本质区别的，是对千百年来儒家思想"礼制"的一种挑战，是反传统的。唐代服饰作为一种有别于其他朝代的服饰，体现

唐代永泰公主墓壁画《持物侍女图》

出了大胆、开放、更趋向于现代思想的特点。永泰公主墓壁画《持物侍女图》中女子衣饰华美、体态丰腴、衣领低开，露颈露胸。"粉胸半掩疑暗雪"，"胸前如雪脸如云"，这是唐诗中歌咏女子体态的句子。唐代诗人李洞曾这样描绘一个女道士庞炼师："两脸酒醺红杏妒，半胸酥嫩白云饶。"女道士居然也穿着这种时髦的袒胸露乳装与风流倜傥的文人应酬。初唐时宫中已渐渐流行低领露胸的

唐代周昉《簪花仕女图》

服饰，在盛唐时更为风行，且民间也纷纷效仿。女子长裙提至胸前袒露胸背、裸臂仅披纱罗的着装形象，就是最典型的"大袖纱罗衫"的形式。唐周昉《簪花仕女图》中描绘的头戴海棠花、身披朱红披风的妇人形象，薄如蝉翼的衣裙下肤如凝脂的质感，丰腴婀娜的身姿里柔和恬静的美感，显露富贵之气、华丽之美，女子的形体美被充分地显露出来。如果说唐朝的女着男装为单调的服装类别增添了中性化的服装风格，那么这种宽衣裸胸的衣着流行趋势，则是展现人体之美的裸袒之风，这一切无不是唐代政治开明、对外交流频繁的结果。有的学者认为袒露装源于天竺佛教，因为从天竺传入中国的佛教艺术中，不少佛教绘画中的女性就穿着这类服装；还有学者认为它来自西方，例如跳柘枝舞的胡女就穿着这类服装，因此在她们如飞燕惊鸿似的舞蹈的时候，往往"罗衫半脱肩"。可以说，唐朝妇女的袒露装是将西方欣赏人体美、胡人裸袒之俗与佛教中的裸露之状相结合，从而体现人体的曲线美感。袒露装显然是唐代妇女在继承前代的封建衣冠制度基础上，同时大量吸收了各兄弟民族和中亚、西亚等外国衣冠融会变通的结果。唐代不断出现的新服饰，是中华文明与外来文明交融的结果。

外来的服饰即胡服也深受唐代女子的喜爱。唐代女子所穿胡服主要是锦边装饰、圆领、折领、窄袖、对襟，头戴圆顶帽，束腰、要带（即腰带）上吊有各种小饰物，下穿有竖条的小口裤，脚穿尖头绣花鞋或半靿软鞋。于是在民间生活中出现了头戴锦绣浑脱帽、身穿翻领窄袖袍和条纹小口裤以及"回鹘衣装回鹘马"的唐代女性形象。新中国成立前日本人大谷光瑞发掘了新疆阿斯塔那古墓群，并盗走了大量文物，《胡服美人图》就是其中之一。图中人物体态婀娜，造型雍容华贵，面容丰腴，服饰艳丽，动势自如，因为身着胡服，更有一种异域风情跃然于画面之上。

1994 年陕西省礼泉县出土的昭陵新城长公主墓壁画《侍女图》也是其中的代表。东壁南幅的四侍女，头梳单刀或双刀髻，皆朱唇粉腮，端庄秀丽，上身穿低领紧袖白襦，多外套半臂，肩披橘红条纹或青黑色披帛，着各色条纹长裙，裙下露出黑色圆头履。此外，永泰公主墓壁画《宫女图》、房陵大长公主墓壁画《男装侍女图》，都存在穿大

唐代佚名《胡服美人图》

唐昭陵新城长公主墓壁画《侍女图》

159

翻领式或窄袖紧身的西域服饰和胡人服饰的唐人形象，逼真地反映了唐人喜好胡服的风尚。

唐代著名画家张萱的《虢国夫人游春图》全画共九人骑马，前三骑与后三骑是侍从、侍女、保姆和孩童，中间并行二骑为秦国夫人与虢国夫人。其中四人穿襦裙、披帛，另外五人都穿男式圆领袍衫。虢国夫人身穿淡青色窄袖上襦，肩搭白色披帛，下着描有金花的红裙，裙下露出红色绚履。从中可以看到在宫廷休闲娱乐玩耍中不论地位尊卑都着胡服，穿胡服在休闲娱乐活动中给人一

唐代张萱《虢国夫人游春图》（宋摹本）

种非常轻便灵巧的感觉。这带有异域风情的服饰的广泛流行，正是在唐朝大开放、大吸纳氛围下，人们表现出的对美好生活的一种积极向上的态度和向往。

唐代妇女服饰文化是唐代本土文化与外来文明交融的缩影，大唐文明兼容并包地摄取外来的各种文化营养，铸就了唐文化的辉煌。唐文化的强盛说到底是一种强势文化状态下才会出现的社会现象。强势文化具有强大的调控能力，如同人体生命系统，在同外部系统进行物质能量交换过程中能通过自身免疫系统把有害病菌消除掉，或者通过自身新陈代谢只留下那些有益的成分，从而使得自身更加强壮；而弱势文化则不具备这样的调控能力，往往会被强势文化所同化。外来文明对唐文化的影响表现在物质财富和精神财富两个方面。外来的动物、植物、奢侈品、药物、科学技术等极大地丰富了唐朝人的生活，甚至还在某种程度上改变了中国的某些习俗。音乐舞蹈、石窟造像、绘画艺术、俗讲变文、摩尼教、景教等充实了唐朝人的精神生活，影响着唐朝人的生活模式。

二、输出篇：礼乐传来启我民，当年最重入唐人

1963 年，唐代鉴真大和尚圆寂 1200 周年，中日双方举行了各种盛大的纪念活动，缅怀鉴真的历史功绩。1973 年，中国政府在扬州大明寺建造了"鉴真纪念馆"，供中日两国人民瞻仰。1978 年，邓小平访问日本，在参观唐招提寺时表示欢迎鉴真像回祖国供故乡人民瞻仰。1980 年，日本奈良唐招提寺的鉴真干漆像在经过 1200 多年后，第一次返回故乡，日本佛教界、文化界、新闻界和中国各界民众都投入了送迎鉴真像的热潮。2007 年，首部佛教题材的 16 集电视连续剧《鉴真东渡》播出。2008 年，胡锦涛访日期间，特意访问奈良，参观唐招提寺。2010 年冬，日本奈良东大寺木质鉴真和尚坐像在扬州鉴真图书馆进行了公开展示。时至今日，唐代鉴真大师之所以还有那么多的粉丝，原因在于他是中日文化交流的见证，也是唐文化对外输出的执行者，推动了日本文明的进步。

鉴真俗姓淳于，扬州人，武则天垂拱四年（688）出生于一个信仰佛教的家庭，14 岁离开富裕的家庭，进入扬州大云寺。曾师从道岸法师学习戒律，取名鉴真，后来又云

游各地名刹学习律宗精义，并宣讲律宗。由于他天资聪慧、勤奋好学，很快成为一代名僧，被尊称为"授戒大师"。

天宝元年（742），日本留学生荣睿和普照跋山涉水，千里迢迢抵达扬州大明寺，当面恳请鉴真到日本弘法。当时佛法虽然传到了日本，但是日本的僧尼良莠不齐，有些僧官品行不端，风纪废弛。因此，日本朝廷及僧界决定招聘唐朝名僧到日本传授戒律、整顿风纪并规范僧籍制度。鉴真被他们的行动所感动，当即答应日本学问僧的要求，从此开始了历时 12 年的东渡之旅。屡经天灾人祸、时事变局，前 5 次都没有成功。直到天宝十三载（754），鉴真一行人才抵达难波（今日本大阪），受到日本各界的盛大欢迎。鉴真在日本东大寺设立唐禅院，培训日本僧人，形成一套完整的佛教制度。鉴真虽双目失明，但通过背诵经文，纠正东大寺抄写的佛经中的错误，以自带经文为原著由弟子校对，推动了日本佛教的研究与发展。鉴真悉心传律，改革积弊，使律宗在日本发展成为独立的宗派，被称为日本律宗的始祖。此外，鉴真还在建筑、医药等方面进行弘法，为日本文明的进步做出了贡献。唐代宗宝应二年（763）

五月的一天，鉴真预感到自己即将离开人世，便叫人扶着他，双腿盘坐，面向大唐、面向佛祖诞生地，驾鹤西归，享年76岁。鉴真弟子忍基照着鉴真生前的模样雕塑了一尊鉴真和尚干漆夹纻坐像立于唐招提寺，以供后世瞻仰。鉴真塑像闭目含笑，面容慈祥，栩栩如生，再现了鉴真仁慈与坚毅的性格，它保留至今，被奉为日本国宝。

鉴真是唐文化的输出者，为日本文明的进步做出了巨大贡献，得到中日人民的瞻仰。当时的唐文化具有海纳百川、有容乃大的开放精神。盛世中的大唐以自信、开放的胸襟，积极开展对外经济文化交流，使盛唐与世界各国尤其是亚洲各国的经济文化交流进入空前活跃的崭新阶段。各国使节、商人、学者、艺术家、僧侣和留学生来往中国，带走了中华文化，推

鉴真坐像

动了本国文化的进步。

7世纪中叶一个不寻常的日子，难波港一派热闹的景象：停泊在港口的4艘巨大的木制帆船正准备远航，港口聚集着欢送的人群，日本天皇也亲自举行宴会送行。船队在人们的祝福声中驶向茫茫的大海。船上的乘客就是日本派往我国的遣唐使。遣唐使横渡大海，甘冒鲸波之险来到中国，除了学习之外，另一个重要的使命就是将记载中华文明的书籍带回日本。在中国的学习时间再长，也总有结束的时候，要想长期学习大唐文化，将书籍带回日本是一个理想的选择。著名中日文化交流研究学者王勇教授认为，在我国唐代的中外交流史上，形成了一条起自唐朝向东的"书籍之路"。

当时，唐朝政府为来唐使者、留学生提供了较为丰厚的条件，只要这些人得到官方的批准留学唐朝，他们的主要生活费用就都由唐朝政府提供，5年之内免费供给衣粮。邀请鉴真东渡日本的僧人荣睿来到中国后，唐朝每年供给他25匹绢，一年四季还给予补贴。另外，很多遣唐使来中国前，日本政府也会给他们比较可观的费用，他们中的多数人都将资助用来购买书籍，一些学生甚至把生活费都拿来买书，后来连回国的路费都拿不出来。

通过"书籍之路"流向日本的文献典籍种类繁多，经史子集无所不包，有佛典、儒家经典，还有社会制度、文学艺术、医药、星卜、建筑等方面的书籍。其中，尤以经书居多，仅随第八批遣唐使入唐的学问僧回国时携带的经书就有5000余卷。

当时，遣唐使携带书籍几乎到了"疯狂"的地步，后来一些书籍由于朝代更迭在中国失传，在日本反而得以发现，"书籍之路"客观上起到了保护中国文化典藏的作用。唐代张文成著的《游仙窟》曾在中国失传，后来在日本发现，才得以重新传回中国。

通过"书籍之路"，唐朝文化在日本开始生根发芽，日本的文学、宗教、典章制度都带有极强的唐朝风格。日本的班田收授法和租庸调制来源于隋唐的均田制和租庸调制；日本的《大宝律令》参照的是隋唐律令；日本中央到地方的官制也是仿照隋唐；日本的文字"片假名"和"平假名"也都是从汉字脱胎而来；至于艺术，唐乐和唐绘在日本占据着统治地位；诗歌方面，形象鲜明、语言通俗的白居易诗深受日本人喜爱。日本七八世纪新修的都城完全仿照唐长安城，就连建筑所用砖瓦的纹饰都略同。除此之外，日本人的生活习惯也日益唐化。日本人不仅嗜好马球、围棋，而且还热衷茶道。每年的端午节，日本人也喝菖蒲酒；农历九月初九，他们也登高过重阳。可以说，当时的日本简直就是一个微缩版的唐代中国。

唐文化对日本输出，是当时唐文化对外输出的一部分。唐朝在对外文化输出方面一视同仁，毫无保留。因此，当时世界上许多国家都或多或少受到了唐代文化的影响。其中，影响最大的当属所谓"东亚汉文化圈"内的国家，如日本、高句丽、新罗、百济和越南等。在这些国家，不仅其政治制度、法律法规、生产技术、生活习俗、宗教信仰与文学艺术等方面都深深烙下唐朝的印记，而且其使用的文字与学术思想也都受到唐朝的很大影响。朝鲜半岛三国和越南还直接使用了汉字，日本虽然创造了自己的文字，但也是在汉字的基础上改造而成的。汉字的使用和发展为中外交流提供了便利，成为中外文化交流的重要纽带。日本学者将古代中国文化辐射下的东亚文化体系称为"汉字文化圈"，诠释中国文化尤其是盛唐文化对东亚文化发展做出的贡献。

第三节　朝会与万国来朝

一、万国来朝篇：九天阊阖开宫殿，万国衣冠拜冕旒

（一）熊猫外交

1972年，美国总统尼克松访华，周恩来总理拿着一盒熊猫牌香烟问尼克松夫人是否喜欢，尼克松夫人回答："我不吸烟。"周总理指着烟盒上的熊猫图案说："我们是要送给美国人民大熊猫。"尼克松夫人听了大喜过望，激动地打断正和毛主席交谈的丈夫尼克松："迪克，迪克，总理说要送我们熊猫。"当玲玲和兴兴乘专机从北京抵达华盛顿国家动物园时，受到8000名美国观众的冒雨迎接，开馆与观众见面的第一个月，参观者就

多达 100 余万。从 1957 年到 1982 年的 26 年间，中国一共赠送给 9 个国家 23 只大熊猫，大熊猫一直被称为中国的友好大使，积极促进了中国与外国的友谊和相互了解，它可爱、憨厚的形象及蕴含的吉祥、祝福之意已永远留在世界各国人们的心中。其实，中国的熊猫外交最早出现在唐朝。据日本《皇家年鉴》记载，早在垂拱元年（685），临朝称制的太后武则天就曾送给日本天武天皇两只"白熊"和 70 张"白熊"毛皮，后世一直认为这"白熊"是北极熊。后来，中国大熊猫专家考证说，当时长安的皇苑内就有大熊猫，因此所谓的"白熊"应该就是大熊猫，这是史书记载的第一例熊猫外交，也是唐代对外交往的见证。

（二）来华使团

唐朝曾与 300 多个国家建立了外交关系，较为密切的有 70 多个。像南亚次大陆的天竺（印度、巴基斯坦等）及骠国（缅甸）、真腊（柬埔寨）、狮子国（斯里兰卡）、林邑（越南）、室利佛逝（苏门答腊），西域和中亚各国，西方的拜占庭（东罗马）、波斯（伊朗）、大食（阿拉伯）等均有使节来到长安。当时派遣使者来长安的流鬼（位于俄罗斯东部堪察加半岛）是离唐朝最远的国家。最有名的外国使节当推日本的遣唐使。日本前后共派 19 次不同名目的遣唐使，规模很大，人数多时一次就有500余人。

当时长安城是世界性的大都市，城内到处可以见到来自世界各国的外交使节、留学生和巨商大贾。外交使节来唐的目的主要是朝贺、朝贡、请婚、乞盟等。据史书记载，唐太宗贞观年间，每年元旦的时候，来华朝贺的四夷君长就有数千人。贞观三年（629），云南地区的东谢蛮谢元深率团来到长安城，朝见唐太宗。这位远来的客人穿着奇异，让唐太宗大开眼界。只见他戴着黑熊皮做的帽子，用金丝网罩着额头，穿着用毛皮做的衣服，绑着裹腿，穿着异样的鞋子。唐太宗及臣民没见过这种打扮的外地人，感到十分好奇。当听到谢元深陈述如何克服各种困难、历尽艰辛才来到大唐朝见皇帝的时候，唐太宗有一丝感动，同时也有强烈的自豪感充斥在胸中。当时的中书侍郎颜师古上奏皇帝说：从前，周武王治理国家达到太平盛世的时候，周边的国家都来归顺求和。周朝的史官将这一盛举载入史册，永传后世。如今，我朝皇帝的盛德远播海外，凡是恩德所施的地方，都有许多国家来朝拜。来朝拜的使臣，大都来自蛮夷之地，他们的装束与我华夏衣冠相差较大。他们穿着用葛布做的衣服，上面还绣着鸟形花纹，看起来十分美观。他们都住在礼宾院里，实在有必要将这些蛮邦使臣绘图画像。在绘画领域阎立本、阎立德兄弟二人可算是妙手丹青，他们将接待这些使臣所安排的仪式以及这些使臣所展示的用鼻子饮酒、用头撞球等奇异的风俗都绘制下来，而且深得神韵。颜师古的说法表明阎立德的《王会图》是当时远夷归款、万国来朝的真实反映。这幅图的东首是三

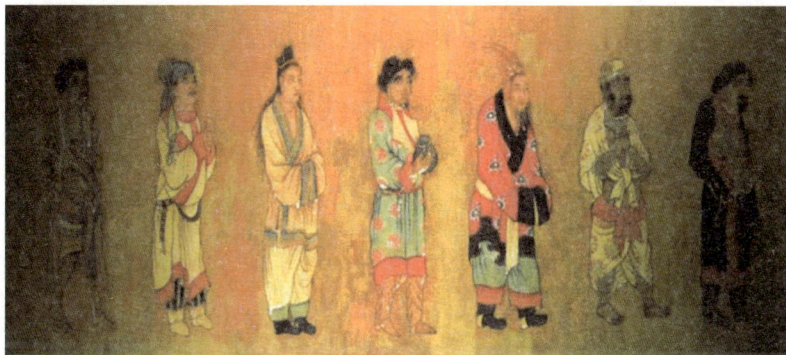

唐代阎立德《王会图》

171

韩、百济、日本、渤海，而扶桑、勿吉、琉球、女国、挹娄、沃沮次之；西首是吐蕃、高昌、月氏、车师、党项，而轩渠、嚈哒、叠伏罗、丁零、师子、短人、掸国次之；南首是交趾、沅溪、哀牢、夜郎，而板楯蛮、尾濮、西爨、附国、莋都等次之；北首是突厥、匈奴、铁勒、鞑靼，而大漠、白霫、室韦、结骨次之。这幅图共有39个民族或国家，错落有致，场面十分宏大。高宗以后，各国贵胄使臣云集唐都长安，朝拜李唐天子，出现了"九天阊阖开宫殿，万国衣冠拜冕旒"的盛况。开元十二年（724），唐玄宗前往泰山举行封禅典礼，四夷酋长争相随从。据史书记载，当时随从朝觐的有：突厥颉利发，契丹、奚等王，大食、谢䫻、五天十姓、昆仑、日本、新罗、靺鞨之侍子及使节，高丽朝鲜王，百济带方王，十姓摩阿史那兴昔可汗，日南、西竺、凿齿、雕题、乌浒之酋长等，人数之多，场面之盛，历史罕见。

（三）随团僧人

随外交使团来华朝觐的还有僧人和学生，他们在外籍人中占有很大比例。僧人既有来唐传播宗教的僧人，如景教、摩尼教、祆教、伊斯兰教的传教僧，也有来唐学习和弘扬佛法的佛教僧徒。入唐求法的留学僧中，以新罗和日本的为多。新罗与唐朝的联系最为紧密，学习唐朝的各项制度也最积极，派遣的留学僧有 100 人之多。日本遣唐使团的学问僧在史书上留下姓名的也有 92 人。他们来唐游学，唐代各地都有他们的足迹，青龙寺就是其中之一。

每年的 3 月份，是古城西安春暖花开的日子。说到西安赏樱花之处，不得不提青龙寺，寺院内樱花相继盛开，春色满园，姹紫嫣红，吸引了许多国内外游客前来观赏。青龙寺的樱花种植始于 1986 年，日本友人及佛教团体将千余株樱花树从日本移植于寺院，象征中日千年友谊，同一年空海碑也在青龙寺落成。空海也就是弘法大师，是日本遣唐的著名学问僧之一。他出身名门，但不为名利所诱，独自涉足山林，为寻找真正的佛法而潜心修行。为了寻求佛法的真谛，他曾经周游了 4 个国家，但总是不能满足自己对知识的渴求。在 30 岁的时候，他决心西渡大唐，求取真经。历经一个多月的海上漂泊和长达 50 天的跋涉，遣唐使团抵达长安。唐都长安街景繁华，建筑雄伟，一派泱泱大国的宏伟气势。空海的足迹遍布长安城内各大寺院，他遍访高僧，广交文士，潜心修习梵语。青龙寺是惠果大师的驻锡地，空海深服大师的佛学境界，拜在大师门下，接受大师教诲，从惠果大师那里获得"普照金刚"的称号。转眼21年过去了，空海的佛法日臻完善。他的回国申请得到唐朝廷的批准。他回到久违的日本国，从此在高野山坐禅，成为日本佛教的一代宗师。其他的诸如圆行法师、圆仁法师、惠远法师、圆珍法师、宗睿法师皆先后在青龙寺受法。

学生则是一些仰慕唐朝政治和文化的国家和民族政权派遣来唐学习的留学生。和留学僧不同的是，留学生一般都是国内或政权内的贵族子弟，来唐的主要目的是学习先进的文化和制度，大多就读于国子监所属的国子学、太学、四门学等学校。他们在唐学习之后，多数回国参与政权建设；也有参加政府专门为外国和周边少数民族政权派来的留学生开设的宾贡进士科的。

（四）来华留学

贞观元年（627），大唐就已经对外国学生开放科举考

174

试，外国留学生也可以考取功名，登科及第，称作"宾贡进士"。这一开明的政策引得四方异域学子纷至沓来，入唐留学蔚为风气。留学生都在国子监所属诸学里学习，国子监也是当时颇具盛名的国际性大学。据史料记载，国子监可容纳3000多学生。留学生人数众多，尤以新罗、日本留学生居多。新罗常年居住在唐朝的留学生达到一二百人，仅开成二年（837）在唐的新罗留学生就已达到260人。留学生的经费，主要是由实力雄厚的大唐出资，即便是自费前来的学子，也有奖学金支持。大食人李彦升，波斯人李珣，新罗人金云卿、崔致远，日本人阿倍仲麻吕等人，都是在通过宾贡考试后在唐朝入仕的。

崔致远是他们中的一例。唐懿宗咸通九年（868），年仅12岁的崔致远告别家乡，随商船入唐。出发前，父亲告诉他：崔家不是名门贵族，要想振兴家族，入唐宾贡及第是唯一的途径。你到了大唐不要懈怠，十年不中进士，对外不要说你是我的儿子。带着父亲及家族的重托，幼小的崔致远开始了艰辛的大唐学习之旅。崔致远来唐的年代已是晚唐，虽无盛唐的气宇恢宏，但瘦死的骆驼比马大，盛

崔致远画像

世的余荫犹在。

少年崔致远进入京师长安国子监学习，虽有数百名来自同一国度的同学与他一起学习，可排遣思乡之苦，但身处激烈的竞争中，难遣灵魂深处的孤独之感。唐懿宗咸通十五年（874），崔致远参加科举考试，一举宾贡及第。金榜题名的崔致远终于学有所成，可以稍稍卸下多年的重负，回报故国父老的殷殷厚望。佳讯传至新罗国都庆州，崔氏家族举族同庆。

然而，登科及第的崔致远并没有就此衣锦还乡、荣归故里，而是选择继续留在大唐发展。他的心中有着更为宏远的人生愿景和生命抱负。乾符三年（876）冬，弱冠之年的崔致远终被朝廷任命为淮南道溧水县尉。任县尉3年间，崔致远官闲禄厚，以文会友。广明元年（880），崔致远任职期满，到淮南节度使（治扬州）高骈门下做幕客，受到高骈的重用。高骈的诏、启、状之类的公文，好多都是出自崔致远之手。宦游淮南幕府时期，是崔致远文学创作最为频繁而质量臻于顶峰的阶段。现存的《桂苑笔耕集》20卷，便是完成于这一时期的不朽之作，也是崔致远流传后世的唯一著作。

中和四年（884），在唐生活了16年、已是而立之年的崔致远难掩思乡之情，告别了自己的第二故乡，返回新罗故土。"万里始成归去计，一心先算却来程。"苍茫大海从此再也隔不断崔致远对第二故乡的绵绵思念。崔致远以显赫官衔与声望荣归故里，自然风光无限，但他更想用自己所学的知识来报效新罗王朝，振兴自己的国家。作为新罗历届留学生中成就最高的一位，崔致远很快得到了新罗王的重视，开始了他在新罗的仕宦生涯。但是，新罗此时处于王朝末期，天下大乱，崔致远的远大抱负也是难以实现，最终他浪迹天涯，不知所终！

二、晁衡篇：日本晁卿辞帝都，征帆一片绕蓬壶

（一）劈波寻梦

阿倍仲麻吕出生于日本奈良附近的一个中等贵族家庭，是天皇的远支。他从小聪明灵敏，勤奋好学，尤其酷爱汉文学，这成为他远赴大唐帝国留学的动力。但那时他还不知道，他与中国的渊源会有那么深。

对奈良时代的日本来说，大海彼岸的大唐，山河壮丽、国强民富、文化繁荣，是一个激动人心的国际化社会。遣唐使劈波斩浪冒险赴难，只因为遥远的西方有一个巨大的牵引力，那便是唐朝的国都——令人无限向往的长安。

　　开元五年（717）初，日本天皇决定再次派遣唐使去往大唐学习礼乐文明。年仅 19 岁的阿倍仲麻吕觉察到机会来了，主动请求赶往长安寻梦。他的请求得到了主管部门领导的批准。樱花灿烂的三月，日本天皇、外交部门官员及亲朋好友赶往难波为遣唐使送行。"今宵剩把银釭照，犹恐相逢是梦中"，离别带来了惆怅和伤感，但对于阿倍仲麻吕来说却有些许欣喜，因为他知道，梦在远方。这支557 人的队伍很快就出发了。他们分乘 4 艘巨大的木帆船去往苍茫大海的西岸——大唐帝国。经过漫长的海上历程，这支队伍在中国扬州江水入海口登陆。帆船长时间航行在大海里，他们克服了晕船、暴风、饥饿、迷失航向等重重困难，终于到达了令人魂牵梦绕的大唐帝国。

　　这支队伍在扬州微微休整，其中一些人留下来，而遣唐使及其随从、留学生、学问僧们马不停蹄地赶往大唐的国都长安。他们横跨大半个中国，千里迢迢来到长安时，正是"秋风吹渭水，落叶满帝都"的季节。这时正值唐玄宗在位的开元五年，整个社会经济繁荣，贸易发达，人民安居乐业，文化之盛更是无可比拟，是史家盛赞为"开元之治"的盛唐时期。他们在中国受到朝野上下的热情招待。十月一日，唐玄宗下诏书抚慰远道而来的日本客人，十月十六日在中书省为他们举行了盛大的欢迎宴会。大使多治比县守在朝会觐见玄宗皇帝后，完成了出使任务，于十二月十二日率众返回了日本，阿倍仲麻吕却毅然留在中国，这一留，开始了他一生的中国情缘。

（二）蟾宫折桂

阿倍仲麻吕到长安不久，便被安排到国子监学习。国子监是当时唐朝的最高教育机构。长安国子监下设6个学馆，即国子学、太学、四门学以及律、书、算学等。可以说国子监不仅是教授儒家经典、培养综合性人才的地方，也是传授各类技术、培养专门性人才的地方。各国留学生在这里都能享受到同等待遇，即学费全免、包吃包住。在国子监学习最大的好处是结业后可以参加科举考试，取得进士、明经资格后可以出任官吏。值得欣喜的是阿倍仲麻吕在国子监学习期间，各门功课成绩优异，居然考中了进士。当时考中进士是每一个读书人的梦想，但即便是"头悬梁"、"锥刺股"、废寝忘食，也不是人人都能如愿考中的，留学生更是如此。阿倍仲麻吕是唐朝历史上唯一考中进士的留学生。可以说，阿倍仲麻吕算是外国留学生中的佼佼者，即便是跟本国学子相比也是毫不逊色的。

（三）仕途得意

阿倍仲麻吕最初被任命为左春坊司经局校书，开始进入公务员的行列。左春坊司经局校书品级不高，只有正九品下，主要负责校理图书文集。他的好朋友储光羲曾用"朝生美无度，高驾仕春坊"的诗句赞美他在春坊书库里辛勤校勘书籍。他同时还兼任了太子侍读的职务，让同僚们备感钦羡，所有人都知道这是一个有前途的职务。随后阿倍仲麻吕的仕途经历很快就验证了这一点。

功夫不负有心人，阿倍仲麻吕过人的才华和出色的工作业绩很快引起了唐玄宗的注意，得到了天子的青睐。开元十九年（731），玄宗破格提拔阿倍仲麻吕为左补阙。左补阙是从七品上的清官，是主要负责评议朝政、随行供奉的侍从官。虽然这个官的品级并不高，却是皇帝的侍从，有更多的机会接触到皇帝。在当时这种官职一般授予学识渊博有发展潜力的官员。在担任这个职务期间，阿倍仲麻吕的工作得到了玄宗的肯定，很快便赐他姓名为"晁衡"。在当时皇帝赐名是一种无上的荣耀，只有做出大贡献的人才能享受此殊荣。

由于玄宗的重用和提拔，阿倍仲麻吕的职务不断上升。先是由左补阙晋升为从五品下的仪王友，开始进入中级官员的行列。天宝末年他晋升为从四品上的卫尉少卿。后来又很快晋升为从三品的秘书监兼卫尉卿，开始进入高级官员的行列。秘书监是秘书省的最高长官，掌管经籍图书之事，从职务上看相当于现在的国家图书馆馆长。卫尉卿是卫尉寺最高长官，执掌国家的器械文物，并总管武库、武器、守宫三署。这一文一武的两个官职，看似风马牛不相及，但是阿倍仲麻吕应对自如，他的才干由此可见一斑。

（四）归国惊魂

开元二十一年（733），新一批日本遣唐使来到大唐。

按照惯例，归程时会带上结业的留学生回国。这时的阿倍仲麻吕在中国已经生活了 16 年，他非常思念自己的家乡，就向唐玄宗提出了回国申请，唐玄宗爱惜人才，最终没有批准他的申请。于是他作了一首望乡诗："慕义名空在，输忠孝不全。报恩无有日，归国定何年？"表达了自己忠孝难两全的惆怅和迷茫。

又过了 19 年，到了天宝十一载（752）的岁末，日本政府派遣藤原清河为首的遣唐使团再次来到长安。此时的阿倍仲麻吕已过了天命之年，思乡之情也更浓烈了。他再一次向玄宗提出返回阔别 30 多年的故国的意愿。唐玄宗感念阿倍仲麻吕对唐王朝的忠诚和对家中父母的一片孝心，准其所请，为表明对他的信任和器重，借此机会特委命其为送使，作为玄宗亲自选派的特命全权大使伴送藤原清河等返回日本。对此，阿倍仲麻吕以异常激动和感恩的心情写下了著名诗篇《衔命还国作》：

衔命将辞国，非才忝侍臣。

天中恋明主，海外忆慈亲。

伏奏违金阙，騑骖去玉津。

蓬莱乡路远，若木故园林。

西望怀恩日，东归感义辰。

平生一宝剑，留赠结交人。

　　素与阿倍仲麻吕交好的几位著名诗人王维、赵骅、包佶等都怀着眷眷惜别之情，挥毫作诗为之送行。唐玄宗和王公贵族以及文武百官为阿倍仲麻吕举办了盛大的送行宴会。六月，当藤原清河和阿倍仲麻吕等人离别长安时，玄宗特差遣鸿胪卿蒋挑捥陪送南下至扬州，然后由淮南使魏方送遣归日。十一月十五日一些友人赶到苏州黄泗浦为阿倍仲麻吕及遣唐使团送行。是夜，皓月当空，江天一色。阿倍仲麻吕仰望当空明月，心潮澎湃，一首和歌脱口而出："翘首望长天，神驰奈良边。三笠山顶上，想又皎月圆。"是的，即将回归那久违的故乡的阿倍仲麻吕，望着浩浩长空、皎皎明月，看着送行的友人和就要扬帆远航的归船，心已飞向祖国的"奈良"，飞向那故乡的"三笠山"。他出神地望着那轮承载着满满游子情意的皎皎明月，向亲人、向故土倾诉久别归来的思念。听了阿倍仲麻吕深情的诗句，在场的友人都感叹不已。千里送君，终有一别。

李白画像

很快，他们一行人分乘 4 条船，起航东去回日本。不想天不遂人愿，当这 4 艘木船行至阿儿奈波岛时，突遇风暴，阿倍仲麻吕和藤原清河所乘的第 1 船与其他 3 船失去了联系，随即失去了踪迹。消息传到长安后，大家都误以为阿倍仲麻吕遇难了，悲痛万分。李白更是写下了《哭晁卿衡》来悼念自己的老朋友："日本晁卿辞帝都，征帆一片绕蓬壶。明月不归沉碧海，白云愁色满苍梧。"

然而，阿倍仲麻吕遇难的消息并不真实，他和藤原清河等人历经艰难险阻，辗转跋涉，终于于天宝十四载（755）六月又回到了中国长安。阿倍仲麻吕的故旧好友们对于他的安全归来自然是不胜庆幸，因为全船 100 余人只幸存了十几人。阿倍仲麻吕见到李白的悼念诗后百感交集，挥笔写下了流传千古的名篇《望乡》："卅年长安住，归不到蓬壶。一片望乡情，尽付水天处。魂兮归来了，感君痛苦吾。我更为君哭，不得长安住。"从诗中可以看出，这次九死一生的归乡之旅，对于阿倍仲麻吕的打击很大。归途虽然不顺，不过阿倍仲麻吕的仕途却是一帆风顺，从左散骑常侍兼安南都护、安南节度使，做到了光禄大夫、御史中丞。大历五年（770），73岁的阿倍仲麻吕在长安去世，终其一生做不完回归故土这一场梦。

鉴于阿倍仲麻吕对中日文化交流做出的贡献，1978年，西安市和奈良市协商在两市各建一座纪念碑供后人瞻仰和缅怀。西安的纪念碑于次年在著名的唐兴庆宫遗址公园内落成，由当代著名建筑大师张锦秋设计，汉白玉砌筑，仿唐结构，碑高5.36米，端庄峻拔。碑正面刻有"阿倍仲麻吕纪念碑"八字，背面镌刻其事迹，柱顶四侧是表现中日友好的樱花、梅花浮雕，柱基采用莲瓣雕饰，柱板上刻日本遣唐使船浮雕，两侧分别是李白《哭晁卿衡》诗和阿倍仲麻吕《望乡》诗，具有深邃的中日文化内涵。

第四节　陆上与海上丝绸之路

一、陆路丝路篇：驼铃古道丝绸路，胡马犹闻唐汉风

随着中国考古事业的发展，越来越多的唐墓冲破时间的封印，以特有的形式向我们诉说那遥远的繁华和唐代特有的魅力。如从唐墓中出土了不少胡俑，这些胡俑人物形象各异，有官俑、牵马俑、牵驼俑、骑马俑、侍俑、商俑、乐舞俑，等等。他们都是深目高鼻，浓髯曲发，身材魁梧，或留络腮胡，或留八字胡，或头戴尖顶帽，或身穿开领衣，或手执胡瓶……"眼睛深似湘江水，鼻孔高于华岳山"，许多人都会想到唐代诗人陆岩梦对胡人的描述。陆岩梦的诗句尽管夸张，但深目高鼻的确是西域胡人的显著特征之一。据推测，他们是西亚、中亚或欧洲人。丝绸之路驼铃叮当，金黄的沙漠牵引着他们说不清的渴望，漫天风沙炼造他们的坚毅，那长途跋涉的风景旖旎，他们的心情也如变幻的风景，他们的原始动力不得而知，只是他

胡俑

们来了，留下了历史的印记，他们来唐或为官或经商或求学，通过胡俑的形式把自己定格成为唐代外来人口在中国活动的真实写照。丝绸之路不仅是以大宗丝绸为主体和标志的商贸之路，同时又是科技、文化、思想、宗教的传播之路，对中国走向国际化起着开篇的作用。它从繁荣、式微到更繁荣，持续了 1000 多年。上至王公贵族，下至乞丐逃犯，人们沿着张骞开辟的通道，来来往往，都留下了足迹。张骞出使西域在丝绸之路的历史上产生了许多亮点，是举世无双、无与伦比的。《史记》称这是一次"凿空"的行动，言其为极其困难的空前探险行动。张骞出使西域，开辟了有国家保证的国家级通道，扩大了西汉的影响和汉武帝的视野，带回了西方世界的信息，东物西进，西货东来，丰富了我国的物质和精神生活。

唐代，由于对西域实施了更为有效的统治，西域地区结束了小国林立的状况，丝绸之路更加畅通。唐朝贞观年间，中国僧侣游历印度的东道，并详细记载了从河西经青海、由西藏进入尼泊尔的具体路线，说明了此道的繁荣畅通，同时也反映了丝路已向南面大大发展，道路的畅通带来了丝绸之路在唐代的空前繁荣。当时的唐王朝与世界上300多个国家和地区有交往，每年入唐的使节络绎不绝。唐政府在长安城皇城设置了鸿胪寺，专门负责接待外来使节。喜马拉雅山静静地耸立，以旁观者的姿态鸟瞰着世间风云变迁，如果它有记忆，那么它一定记得那去了印度三次，就在国外指挥了重大的外交活动，保证了喜马拉雅山两侧的和平与安宁的唐朝外交官王玄策。

丝绸之路的繁荣在长安城中得到了集中体现。唐朝人比较喜欢吃长安的胡饼。白居易曾经给他的好朋友杨万州邮寄过长安的胡饼。他还作诗"胡麻饼样学京都，面脆油香新出炉"，给朋友寄胡饼的同时，忍不住对长安胡饼大加赞赏。当时长安城内的胡酒有来自大食的"龙膏酒"；有来自高昌的西域名酒"葡萄酒"，就连那"古来征战几人回"的战场上，渴望建功立业的将士们也深爱着"葡萄美酒夜光杯"；还有来自东南亚的"三勒浆"等。"但使主人能醉客，不知何处是他乡"，甘美怡人的浓浓酒香让人沉醉其中，就连"诗仙"李白也拜倒在酒香之下，"天子呼来不上船，自称臣是酒中仙"。李贺曾以"一声似向天上来，月下美人望乡哭"来描述胡姬的歌声优美。李白也曾以"胡姬貌如花，当垆笑春风"来描述胡姬的美颜。去胡人开的酒馆内宴饮游乐，成为当时的一种风尚。当时中国的丝绸在中亚、西亚、欧洲以及非洲都被视为极品、珍品。安息、罗马等国家的庙宇宫殿以大量丝绸作为装饰。教会的法医、祭祀的服装、祭坛挂幕等一概用丝绸。世俗富人也争相穿着中国丝绸制作的丝袍。建立一个运输团队，办理相关营业执照，你就可以营运丝绸生意了。营运丝绸生意是从长安城的西门出发的，一路向西，光到安西就有9900里，到了中亚、欧洲何止几万里。不要被路程所吓倒，唐朝政府在沿路设置了很多驿站，来保护往来客商。沿途的好多城市如碎叶、庭州、轮台、弓月、热海、怛罗斯等，因丝绸之路而发展成中等城市，你可以在这几个地方逗留几日，赏玩一下异域风情再上路也不迟。等坚持到了中亚或欧洲，你就成为一个大富翁了。

《大秦景教流行中国碑》碑额

箜篌、琵琶、胡琴、羯鼓等乐器随着丝路传入中国，大大丰富了唐代的音乐内容，也改变了中国人的演奏习惯。胡乐在唐代宫廷极受欢迎，学习胡乐既可以提高音乐造诣，还可以谋一份差事。此外还可以学习绘画、舞蹈，经丝路传播，这些艺术形式的内容及品位都得以大大提升，共同成就了唐文化的辉煌。佛教在唐代的发达程度众所周知，当时的长安城已是佛寺林立、名僧辈出的佛教重地，佛教寺院有上百所。除了佛教外，还有经中亚传来的祆教、景教、摩尼教，统称为"三夷教"。唐长安城中的布政坊、醴泉坊、普宁坊、靖恭坊、崇化坊便立有祆祠。而《大秦景教流行中国碑》则表明了景教在中国传播的状况。

丝绸之路物质与文化的交汇深深影响了中国人的经济理念和生活方式，传统的"重农抑商"观念受到严重挑战，固有的市场交易模式也受到冲击，尤其到了唐代，商人的社会地位迅速提高，并活跃在社会各类场合之中。唐代长安当时就已经呈现出极其繁荣的国际贸易形态。西方商贾蜂拥而至，数以万计，他们在长安定居。唐朝专设了管理"互市"的机构加以管理，征收关税，保证商贸活动的有序进行。

大量外商留居长安，促进了中西生活方式与精神文化生活的多元化，衣食住行、起居喜好，均无例外。唐长安城成为世界城市文化的集散中心和引领时尚的国际之都。来自西方的宗教仪式和市井生活都融入长安并推广至中国社会的各个层面。这造就了唐长安城开放、包容、融合、善学的城市风貌和时尚进取的城市张力，从服装与饮食就可见一斑。着胡服，吃胡食，成为风尚。妇女一改过去含蓄内敛的装束审美观，追逐西方女性低胸露肤和束腰耸乳的曲线美。胡食受到喜爱，长安街市胡食店铺众多，胡饼、麻饼、烤肉、抓饭都已普及。

丝绸之路的交流是双向的、多项的，西风东渐推动了唐长安城国际化帝都的构建和发展，而东风西渐同样使高度发达的中国汉唐文化传播到西方，成为世界文化的重要组成部分，加快了世界的前进步伐。至今仍能在欧洲意大利和中亚地区一些城市的社会生活中看到汉唐文化的遗风遗迹。

二、海上丝路篇：连天浪静长鲸息，映日帆多宝舶来

山东荣成赤山风景区山海相连，景色秀丽，海纳百川，壁立千仞，是国家ＡＡＡＡ级旅游景区，每年景区接待中、韩、日游客在10万人左右。它的秀丽不仅仅体现于自然风景，还见证了张保皋的传奇一生。青山无言，景区重要景点有张保皋纪念塔、赤山法华院、张保皋传记馆、赤山禅院、法华塔等。其中张保皋纪念塔、赤山法华院、张保皋传记馆是为纪念韩国的张保皋建立的旅游景点及文化交流平台。韩国更是成立了"张保皋大使海洋经营史研究会""海上王张保皋纪念事业会"对张保皋进行专门的学术研究；自1996年起韩国每年举办张保皋祝祭活动；2003年的《大长今》、2005年的《海神》更是将张保皋的事迹搬上了荧屏，引起大家广泛关注。张保皋是唐朝时期的新罗人，之所以能引起中、韩、日人民的关注，是因为他曾经为保护海上丝绸之路做出了重大贡献。

贞元六年（790），张保皋出生于新罗国的莞岛（今韩国莞岛郡）。因为出身贫贱，连姓氏名字都没有，被人称为"海岛人"。但他少年时就胸怀大志，喜欢舞枪弄棒，又好水性，练就一身武艺。唐宪宗元和二年（807），他辗转来到唐朝寻求生计。当时正值唐朝的衰落期，藩镇割据愈演愈烈，不时发生叛乱。张保皋先后参加了平定镇海李锜、淮西镇吴元济和淄青镇李师道的叛乱。因作战勇敢、本领高强，累立军功，唐宪宗元和十四年（819）被擢升为武宁军小将。张保皋随唐军转战十几年，经常看到中国人贩卖新罗人为奴婢的现象，这在山东一带尤为突出。几经调查发现这是新罗沿海的海盗所为，他们还经常抢劫来往韩国及日本的船只。这一现象让张保皋忿忿不平。唐文宗大和二年（828），张保皋回到新罗。他一回国就得到新罗兴德王的准许，建军队荡平海盗。张保皋将大本营设在了清海镇，一时间清海镇成为新罗政府抗击海盗的基地。在张保皋的努力下，海盗势力得以荡平，海盗掠卖人口的现象得以杜绝，来往船只也得到张保皋护航，海外贸易更加顺畅。张保皋声名鹊起，成了人们心目中的大英雄。张保皋还组建了庞大的船队，往返于新罗、中国、日本三国之间，进行海运和商业贸易。他在莞岛象皇峰、济州岛河源洞也建了法华院，与山东半岛赤山法华院相对应，互为海运贸易的联络点。张保皋的海上贸易越做越大，形成了以清海镇为大本营，以赤山（今荣成石岛镇）、登州（今山东蓬莱）、莱州（今山东莱州）、泗州（今安徽泗县）、楚州（今江苏淮安）、扬州（今江苏扬州）、明州（今浙江宁波）、泉州（今福建泉州）和日本九州为基点的海运商业贸易网络。时势造英雄，英雄时势造。唐后期海上丝路的发达与海盗猖獗的矛盾造就了英雄人物张保皋的出现，同时张保皋的英雄行为又推动了海上丝路的发展。

唐后期海上丝路是伴随着陆上丝绸之路的衰落而发展起来的。安史之乱爆发以后，唐政府将驻守西北边疆的四镇边兵东调。一时间西北边防空虚，虎视眈眈的吐蕃乘机占领河西、陇右地区，回鹘也乘势南下控制阿尔泰山一带，同时西边的大食也加强了对中亚河中地区的攻势，随之出现了这三种力量之间的争夺与混战。从此，唐朝失去了对西域地区的控制。陆上丝路出现了道路梗绝、往来不通的状况，陆上丝路由此中断，反映到杜甫诗里面便是"数年逆气路中断，蕃人闻道渐星奔"的状况。当时中国经济重心移步东南，伴随着我国造船、航海技术的发展，我国通往东南亚、马六甲海峡、印度洋、红海甚至非洲大陆航路的纷纷开通与延伸，使海上丝绸之路终于替代陆上丝绸之路，成为中外经济文化交流的主要通道。

唐朝宰相贾耽的《皇华四达记》记录了从沿边州郡进入"四夷"的7条路线，其中由登州出海进入渤海的海道、广州出海直通海夷的海道是当时的主要海路。当时广州通海夷的海道贯穿南海、印度洋、波斯湾和东非海岸的90多个国家和地区，是中古时期世界最长的远洋航线，是亚、非洲际海上大动脉。海上丝绸之路的发展带动了东南沿海城市的发展。当时的交州、广州、泉州、明州、扬州、登州等成为海上丝绸之路的重要港口。以扬州为例。1998年，在印尼爪哇岛工作的德国人沃特法海在婆罗洲与苏门答腊岛附近海域发现了大量中国古代沉船，其中最著名的是"黑石号"。船上出土的67000件中国瓷器，主要烧制于公元9世纪上半叶的湖南长沙窑、浙江越窑、河北邢窑、河南巩县窑和广东等地的窑口，同类瓷器在扬州都有出土，特别是 3 只唐青花瓷盘，在中国只有扬州曾出土过这样的唐青花瓷。此外，"黑石号"上还发现了 30 多面铜镜，部分铜镜刻有"唐乾元元年戊戌十一月廿九日于扬州扬子江心百炼造成"的铭文。结合出土文物及航线分析，中外专家一致认定，"黑石号"是从扬州出发的，目的地可能是伊朗的西拉夫。以广州为例。2000 年，广州南越国宫署遗址唐代文化层出土了一枚颇具异域风情的象牙头像印章料，粗具形态，头像的造型具有阿拉伯人的典型特征；印面呈椭圆形，类似西亚两河流域的印章形制，迥异于中国传统的方形印章。经专家推测，它的主人或许是一位前往广州经商的阿拉伯商人。因"广州通海夷道"的开辟，一些阿拉伯商人辗转于中国沿海地区，广州一度成为他们重要的商业中转站和聚居地。为此，唐王朝在广州专门设立了"番坊"，划定给这些外国商人居住。时光跨越千余年，斯人早已作古，唯有这枚印章料依旧焕发着非凡的感染力，仿佛在向人们倾诉它亲历的那个东西方先民共同促进中西贸易、开展文化交流的传奇年代。

当时，海上丝绸之路的"东海起航线"在东亚地区由中心与边缘两部分组成的整体性世界结构中起到了至关重要的作用：中国文化与制度凭借其强大的经济辐射力，将周边国家与地区吸引到东亚世界体系中来；周边国家和地区则表现出博采异域的勇气，自觉地吸收外来先进文化以充实自己。浙江普陀山的新罗礁、高丽道头遗址刚好处于这一航线的承接点位置，它们见证了这一时期东亚区域内海上丝绸之路的繁荣景象。

第五节　从乾陵六十一宾王像说起

一、宾王像篇：六十一宾王立露天，栩栩如生守陵园

作为陕西关中地区的唐十八陵之一的乾陵，静静地坐落在陕西省咸阳市乾县县城北部 6 公里处的梁山之巅，远离世俗与喧杂，就像那更迭的风云，一边是千年之后的繁华，一边是历史的静谧。功名、权力、尔虞我诈就像那天

边的云霞，刹那的夺目之后，留下无尽的静穆。乾陵之中，静静地沉睡着唐朝第三代皇帝唐高宗李治与中国历史上唯一的女皇帝武则天。不去评论帝王之家的爱恨情仇，不去探讨纠缠几代人的恩怨纠葛，叹服于武则天的超群智慧，记恨于一代女皇的辛辣残忍。但是，不可否认的是她为历史做出的卓越贡献，那无字碑静静地仁立，就是女皇对自己一生的总结。再伟大的人物、再辉煌的业绩，终究要交给时间去收藏，交给后人去评价，哪怕女皇特为自己造字"曌"，意指日月当空。

在乾陵陵园朱雀门外的东西两侧，有两组石人群像，西侧有 32 尊，东侧有 29 尊。虽然岁月并没有因为他们的神圣使命而偏心，但这 61 尊石人依然忠诚于自己的职务，穿梭于时空长廊，抵御自然的冲刷，残高仍在 1.5 米至 1.77 米之间，大小与真人身高差不多，打扮穿着明显各不一样，有袍服束腰的，有翻领紧袖的，有披发左衽的……但全部是并排站着，两手向前拱，恭恭敬敬地排列于乾陵前，给人一种朝觐天子的庄严感与崇敬感。翻领紧袖、披发左衽这些与中原地区汉族的褒衣大袖、束发右衽是不同的，这就可以证明这些石像是来自唐朝周边的少数民族或藩属国。正因如此，人们习惯把他们称为"番像""宾王像"。

单单被这些石人像的高大折服的话，那就太浅薄了。如果你是一个细心的人，就会发现这些石像双手无一例外地都抱着笏板。所谓笏板，是我国古代大臣上朝时手持的狭长板子，一般用象牙制成，在上面记载上朝要说的事。在伴君如伴虎的封建时期，哪怕你官职显赫，也要处处小心谨慎，如果哪位大臣记性不好的话，那笏板的作用就凸显了，他可以将要对君王上奏的话记在笏板上，防止遗忘。此外，还在20多尊石像身上发现了"鱼袋"。所谓鱼袋，就是唐代五品以上的官员以及都督、刺史随身携带的装鱼符的袋子。这些都在提示我们，这些石像都是唐朝身居要职的官员，而不是外国使者。他们是唐高宗、武则天时期臣服于唐朝的四夷酋长。他们臣服之后被任命为唐朝的地方官，同时在朝廷担任禁卫大将军等职。

据史料记载，石像刚刚建成的时候，每个石像的背部都镌刻着本人的姓名、职务头衔、所属的部落以及藩属国的国别等文字。这些足可以说明他们是来自不同民族、不同地区的臣服者。但遗憾的是这些文字经过 1000 多年的风吹日晒雨淋，大都漫灭不清了，只有 7 尊石像上的残存文字还依稀可见，分别是疏勒国王裴夷健密施、康国王泥涅师师、于阗王尉迟璥、波斯王卑路斯、朱俱半国王斯陀勒、石国王子石忽那、吐火罗王子特勒羯达健等。查阅史料能辨别出姓名及职位官衔的则有 36 人。这些人有来自唐安北都护府的回纥诸部都督，有来自安西都护府葱岭以东的各国首领、都督，有来自北庭大都护府属下的西突厥及吐谷浑诸都督等。这些人中真正的外来使者以及侨居长安的外宾不过五六人，其余的全是唐王朝属下的各族官员或以质子身份常驻京师的诸属国国王、王子。其中有很多是唐朝的将军，同时受命兼任唐边疆地区的地方行政长官。这些番臣的品级几乎都在三品以上，一品官也不在少数。从边境各族首领接受唐中央王朝的敕封、任命并得到唐朝廷如此高的官爵俸禄来看，他们是唐朝统治阶级的一部分。通过对这些石像身份的确认，说明了唐王朝统治阶级具有多民族成分的特点，也体现了唐王朝疆域的广大。

在高宗、武则天统治时期，唐朝国力空前强大，统治势力北逾大漠，西越葱岭，达到中亚的两河流域。周边少数民族与唐往来频繁，很多少数民族首领被任命为唐朝的地方官，同时担任十二卫大将军等职。唐高宗、武则天去世后，唐中宗将这些在朝廷中任职的外番酋长雕刻成像，放置于乾陵，以反映唐高宗和武则天的统治权力以及各民族对唐朝的臣属关系，同时也是中外政治文化交流的象征。他们臣服于繁盛的大唐，静静地伫立在乾陵，表达自己的忠贞，随着时间推移，见证了唐朝曾经的辉煌与伟大。

二、朝贡篇：贞观之德来万邦，浩如沧海吞河江

当你漫步于当今的美国唐人街，当"唐人"这个称呼跨越千年回荡在耳边的时候，你就会为"大唐"深深折服。唐朝时期，中国是当时世界上最强大的国家，连接东、西双方的通商大道行旅不绝。当时的首都长安是一个拥有百万人口的国际性大都市，并且成为欧亚大陆的活动中心。在长安的街道上，各类种族、肤色的人熙来攘往，呈现着嘉年华般的热闹。时间或许可以冲淡曾经的记忆，但是阎立本的《职贡图》定格了太宗时期南洋的婆利、罗刹、林

邑国等前来中国朝贡及进奉各式珍奇物品的画面。

　　阎立本出生于绘画世家，曾任工部尚书、右相、中书令等要职。因为他的身份比较高贵，因此比别人多了许多好运，能有更多的机会熟悉朝贡事件，因而此图基本可以反映出当时朝贡的真实状况。阎立本《职贡图》以一字型横列法描绘了一行 27 人的行列，他们皆胡貌番相，携带着各式各样的珍奇物品，有象牙、孔雀羽毛扇翠、鹦鹉等。根据衣着可大致辨别他们的身份等级关系。其中有一人骑马，身着长袍，系着头巾，穿靴子，头上有垂丝带华盖，

唐代阎立本《职贡图》

可以推测他的身份要高于其他人。另有一人手捧珊瑚，穿着长袍，系头巾，穿黑色的鞋子，头上有羽毛华盖，说明他的身份等级仅次于前者。马的前后有穿长袍、穿红色鞋、系头巾、扛兵器及扇翣者二人。其余人物皆身着寸缕裸足行进，可见其等级低微。据李霖灿先生考证，此画描绘的应是唐太宗贞观四年（630），南洋的婆利、罗刹、林邑等国跨越千山万水，怀着无限的敬仰，来到这个辉煌灿烂的大帝国进行朝贡及进奉各式珍奇物品的景象。图中人物等级分明，货品数量不多却珍稀，人物表情严肃、身态灵动，有的顾首交谈，有的抬臂指向，可见画中行进行列场面之热闹，人物体态显示出一种遮掩不住的喜悦。

从《职贡图》中可以看出，初唐王朝在当时世界上的地位已经非同寻常，番邦使者神态体态中表现的恭敬，隐示着初唐王朝政治的繁荣稳定和国力的强大，在当时的国际环境之下显示出其独特的魅力。

7至8世纪，阿拉伯与波斯帝国、拜占庭帝国正在进行地中海霸权的争夺，唐王朝处于唐太宗统治的中后期，国力雄厚，四夷宾服。在动荡的世界局势下，许多摇摇欲坠的小国以朝贡或者派遣子弟到唐朝当人质的方式，表示对唐的忠心归顺，来博取唐王朝政治和军事上的庇护。永徽元年（650），金法敏曾被新罗王金真德当作人质送至唐王朝，并被唐高宗任命为太府卿。高句丽国泉男生，泉盖苏文之子，乾封元年（666），泉盖苏文死后，代为莫离支，后又加封大莫离支，次年入长安被拜为特进、辽东大都督兼平壤道行军大总管、安抚大使，封玄菟郡公。

经济是带动一个国家发展的强劲动力，初唐王朝经济的繁盛、容纳百川的气概及繁华帝国的巨大商机吸引一批批具有商业头脑的外邦人纷至沓来。唐代胡商在西市开店卖酒，并以能歌善舞的胡姬做标牌，每天都是生意火爆，赚得盆满钵盈。此外，作为诗歌以喷薄之势发展繁荣的时代，唐文化的吸引力也是无可置疑的。最著名的有新罗人崔致远。崔致远12岁的时候，乘筏子向西漂到唐朝。他钦慕唐文化的深厚，立志要考取功名。临出发前，他父亲告诫他说：十年以后你考不中进士就不是我的儿子了。这给了他较大的动力，使得他在学习唐文化时更加勤奋。成功都是留给有准备的人，咸通十五年（874）崔致远考中进士，名扬华夏，成为中国与朝鲜半岛文化交流中的一颗明珠。

既出自对唐文化的真诚爱慕，又因此可以获得政治经济上的双重利益。那么自然就可以理解画中的人物恭敬顺服的姿态了。然而朝贡、入质、经商或被唐文化吸引，这些都只是外邦人来华的部分原因，他们不远万里费资费力来到大唐，更为重要的一点是对唐朝封建制度发展经验的学习和借鉴。唐初期，有关外国人的来朝政策相对开明，外国人在唐朝可以获得经济和生活权益等多方面的保证，如此一来，各国各阶层来唐朝的人数不断增加。初唐在人类历史发展中位于中世纪前期，这个时期封建制在世界范围内的绝大部分地区和国家还处于萌芽，整个世界动荡不安。唐王朝周边朝鲜半岛的高丽、百济、新罗以及日本、林邑、真腊等，虽受中国影响较早，但也只是刚刚步入封建制的门槛。而此时的唐王朝经过几百年的发展，已经步入封建制政治、经济、文化各方面的繁盛阶段。唐朝先进的生产力和社会制度成为其他国家学习的对象。

外国人在唐有相当不错的待遇。初唐不仅沿袭隋设中央机构鸿胪寺专职接待外国使臣，掌管进奏、引纳、辞见、承旨、宣劳事宜。对于外国使臣，官府还提供粮料。一些酋渠首领朝见者，如在往返途中遇到疾病死丧，则由官府量事给之，帮助他们治病或料理丧事。外国人在唐享有和唐人同等的权利，可以为官做将、参加科举，也可建房置地、娶妻生子。外国人在唐经商，唐官府保证外商的经济权益不受侵犯，以至胡人留唐安居不欲归国者不在少数。据《资治通鉴》卷 232 记载，胡客留长安者，或四十余年，皆有妻子，买田宅，举质取利，安居不欲归。由此可见，初唐王朝与外邦的交流原则不是强制性的，而是吸纳性的，是不战而屈人之兵，是得民心者得天下。

三、客使篇：金阙晓钟开万户，玉阶仙仗拥千官

距离乾陵东南3公里处有一座章怀太子墓，是乾陵的17座陪葬墓之一，是唐高宗与武则天的次子章怀太子李贤与太子妃房氏的合葬墓。在权力面前，帝王之家的亲情显得那么的苍白无力。文明元年（684），李贤被武则天逼令自杀，神龙二年（706）中宗复位后以雍王礼陪葬乾陵。景云二年（711）重开墓室与妃房氏合葬，并追赠为章怀太子。1971年，考古人员发掘了章怀太子墓，出土了大量的壁画，有《打马球图》《狩猎出行图》《客使图》《观鸟捕蝉图》等50多幅。这些壁画具有重要的史学价值及美学价值。其中《客使图》反映了外国使者等待太子召见的情景，是大唐外交活动的真实写照，反映了盛唐时期内政外交的声望和唐都长安在中西文化交流中的国际地位。《客使图》分布在章怀太子墓墓道的东西两侧，可分为东侧《客使图》和西侧《客使图》。东、西《客使图》都描绘了六人画面。

唐代章怀太子墓壁画 东《客使图》

东《客使图》前三位是唐朝鸿胪寺官员，他们都穿着
初唐时期的朝服，头上戴着笼冠，身上穿着大袖红袍，白
色的袍子曳地，腰间系着绶带，手里拿着上朝用的笏板，
脚上穿着朝天履，三个人站立呈三角状，一副大国朝臣的
风范。画中三人气度沉稳，雍容自如，神情肃穆，面面相
对，似乎正在商讨事宜。后面三位使者都躬着身体，毕恭
毕敬地站在那里。他们谦卑的神情中流露出期盼、等待
之意。

为首的一个人秃顶，浓眉深目，高鼻阔嘴，身穿翻领

紫袍，腰间系着带子，脚上穿着黑色的靴子，推断应是来自东罗马的使节。唐朝时期，大秦王不断派遣使者来中国朝贡，两国关系进入友好交往的新时期。据史书记载，贞观十七年（643），大秦王派使者向唐太宗献赤玻璃、绿金精等珍宝。唐朝政府热情接待了远方来的客人，唐太宗赐给他们国书来宣慰大秦王，还将唐朝的绫罗绸缎赏赐给使者。乾封二年（667），大秦王派使者献底也伽，唐高宗也厚厚地赏赐了他们。大足元年（701），武则天接见了来自大秦的使者，并重申了两国的友好情谊。这位使者等待觐见太子，应该是唐朝前期中国与大秦交往的真实写照。

中间一人面庞丰圆，须眉分明，嘴唇红润。头上戴着尖而小的冠，冠前涂上红色，冠旁插着鸟的羽毛，身穿大袖红领的白色短袍，下身穿着大口裤，脚穿黄色的皮靴。推断是来自朝鲜半岛的新罗国的使者。仪凤元年（676）唐罗战争结束后，新罗使者不断来唐朝贡。据史书记载，新罗不仅用唐代的年号纪年，而且新罗国内的各种制度也都以唐朝的制度为本，还不断选送留学生、学问僧来到唐朝求学，并经常派遣朝贺使、朝贡使来唐朝。

最后一位圆脸，没有胡须，头上戴着翻耳的皮帽子，身穿圆领的黄袍子，腰间系着黑色的带子，外面披着灰蓝色的大氅，下身穿着黄色的毛皮窄裤，脚上穿着黄色皮靴，双手放在袖子中。推断该使者来自我国东北部的靺鞨族。唐朝前期，靺鞨来唐朝贡频繁，使者往来不断。靺鞨族的李谨行是唐高宗时期的著名将领，官拜右卫大将军。他曾带领军队出征高丽、新罗、吐蕃等地，战功赫赫。死后赠幽州都督，陪葬乾陵，是陪葬乾陵的 17 位宗亲、功臣中唯一的番将。李多祚也是靺鞨人，在唐朝官拜右羽林卫大将军，曾参与过两次李、武之间的政治斗争，为恢复李唐神器立下汗马功劳。

　　西《客使图》也是以唐代官员为前导，他们雍容文雅，身穿礼服，服装一致，上身穿着袖子宽肥的红色上衣，上衣的领口、袖口都镶有黑色的宽边。上衣领口露出了里边白色纱单衣的领沿。下身穿着白色的长裙下裳，长裙外面，还系有一条白色的裙裳。裙裳下摆加缀有黑色的裙裾，裙裾上被精心地做出了无数细小的褶裥。他们的腰间束有宽革带，腹前悬垂一条窄长的蔽膝，脚上穿着黑色

唐代章怀太子墓壁画 西《客使图》

笏头履。他们的头上戴着黑色介帻，外罩黑纱制的武弁大冠。据推测他们有可能是掌管赞引的四至五品官员。

第四人，圆脸，高颧骨，头发披在后面。他身穿圆领右衽窄袖的黄袍，腰间系着带子，带子上系着一把短刀，双手执上朝用的笏，拱于胸前，脚上穿着黑色长靴。据推测此人为高昌的使者。贞观十四年（640），唐太宗派侯君集灭掉高昌国，在高昌地区设立西州。但是，高昌继任者仍管理高昌故地。西《客使图》第四人的存在说明高昌和唐代关系依然存在。

第五人，长脸，大眼，高髻，发束垂于脑后。身穿圆领窄袖黑色长袍，腰束带，脚穿黑长靴，袖手而立。他的额部、面颊、鼻梁和下颚处都涂有朱色。据推测此人为吐蕃使者。松赞干布及文成公主去世后，吐蕃与唐朝边境战争不断。直到长安二年（702），吐蕃遣使求和，两国的关系才有所改善，重归于好。大唐与吐蕃往来不断。唐中宗时期，中宗更是将自己的养女金城公主嫁给了吐蕃赞普尺带珠丹，开启了唐朝和吐蕃关系的新纪元。

第六人，形体高大，长脸，深目高鼻，有络腮胡。头上戴着卷沿尖顶毡帽，身穿大翻领窄袖绯色长袍，内着红衬衫，腰系白带，脚穿黑色长靴，手中执笏。据推测这是大食人。据史料记载：永徽二年（651），大食开始派遣使者朝贡，并进献良马、宝物等。以后大食与唐朝一直存在友好的往来。这幅画的第六人从一个侧面反映了大唐与大食之间的文化交流和人员往来。1964年在西安西郊的唐墓中出土了3枚大食倭马亚王朝所铸的金币，也能反映当时商业贸易、人员往来和文化交流的盛况。

　　历史留下印记让后人去品读揣测，却又不告诉你它的原貌，可是哪怕是它精心的安排，也总有疏忽。章怀太子墓的《客使图》将各国使节的容貌、服饰和比例等各方面都勾勒得相当细腻和逼真，有可能是有底本的写实画卷。唐代外来使者入朝的时候，都要由鸿胪寺统一管理。鸿胪寺官员将来华番国的山川地貌、风土人情、来朝人的相貌等绘制成图交给执掌外交的官员，统一决定番客的朝觐事宜。这幅画表明中国在唐代具有强大的国力，被各国视为上邦，他们或臣服进贡，或遣使谒陵，或求婚通好，都是对中国的富强繁荣的慑服和仰慕。唐人那种泱泱大国的自豪感在这两幅图中表现得淋漓尽致。

第四章

大唐帝国的启示

第一节　夷狄观

一、大唐胡风篇：贯胡风唐德四海，抚九族夷狄一家

上天是公平的，就像他赋予了玫瑰娇艳与浪漫，但同时也让它长满了让人望而却步的刺。大唐盛世千年难遇，那段时光不仅没有被历史的尘埃掩埋，反而仿佛被光阴镀上了金箔，在历史的长廊里熠熠生辉，哪怕时至今日，人们仍然颂扬那段盛世辉煌。尽管人们流连于那锦绣繁华，但是对唐代统治者的婚配状况仍颇有微词，以至于历来就有"脏唐"之说。"脏唐"的"脏"字主要体现在儿子娶庶母以及公公娶儿媳，这就要说起唐高宗与武则天、唐玄宗与杨贵妃的风流韵事。贞观年间，唐太宗病重，唐高宗

李治在照顾父亲期间，疯狂地爱上了父亲的女人，也就是当时的才人武氏。唐太宗死后，唐高宗与剃发为尼的武氏在感业寺频频幽会，不久将其迎回宫中立为妃，继而立为皇后，成就了一代女皇的霸业。这是儿子娶庶母的例子。武惠妃死后，唐玄宗没有了知己，郁郁寡欢。一个偶然的机会，他见到了自己的儿媳妇，也就是寿王瑁的王妃杨玉环，一见倾心。唐玄宗费尽周折将儿媳弄到手，封为贵妃。寿王李瑁敢怒不敢言，成就了历史上一段老少配的爱情佳话。这种乱婚现象，在唐代宫闱中是屡见不鲜的，并且统治者也不以为意。万人敬仰的唐太宗在这一方面也表现出了惯有的大度胸襟。唐太宗李世民发动玄武门之变，杀死了自己的弟弟李元吉，顺势纳了李元吉的妻子杨氏为妃，这是哥哥娶弟媳的例子。唐太宗纳了大臣徐坚的大姑姑为妃子，唐高宗则纳了徐坚的小姑姑为妃子，这是父子同娶姐妹的例子。唐高祖武德年间，太子李建成、齐王李元吉与庶母尹德妃、张婕妤私通，这是儿子与庶母生活不检点的例子。男子如此，女性也是相对自由开放的。唐高宗、武则天的女儿太平公主先是嫁给了薛绍，生二男二女；薛绍以谋反罪被处死后，再嫁武承嗣，武承嗣患病，再嫁武攸暨，生二男一女；攸暨死，又与胡僧惠范私通；武则天的男宠薛怀义、张昌宗、张易之也是太平公主推荐给她妈妈的。这是自身生活不检点的例子。总之，唐代统治集团婚姻生活中辈分观念、贞节观念极为淡薄，婚媾较为混乱。这种混乱的婚配形态与唐朝统治者的胡族血统密切相关。

李唐先世发迹于鲜卑人建立的北朝时期。唐高祖李渊的六世祖在北魏的时候是弘农太守，是执掌一方的封疆大吏；李渊祖父李虎是西魏八柱国之一，任太尉、佐命大臣，被赐予鲜卑姓大野氏，是西魏的顶梁柱；李渊的父亲李昞是宇文氏北周王朝的安州总管，袭封唐国公，总揽一方事务。长期在鲜卑文化圈中生活，经过历代的耳濡目染，可以说李氏是鲜卑化的汉族。李氏王朝的母系数代都是鲜卑人。李渊的母亲是北周独孤信的第四女，是鲜卑拓跋氏的后裔；李渊的妻子窦氏是鲜卑贵族窦毅的女儿；李世民的妻子长孙皇后也是拓跋氏之后。唐高祖、唐太宗、唐高宗三代都是鲜卑女子所生，李唐皇帝血统中包含着浓厚的少数民族成分。李唐统治者不仅长期浸染于胡族文化，而且他们又有少数民族血统，可以想象他们受胡族文化影响有多深。

隋唐之际，北方各少数民族的婚姻习俗中辈分观念、贞节观念极其淡薄，还存在某些原始社会的婚姻形态。突厥族人，父亲死后，儿子要娶所有的庶母为妻子；哥哥死后，弟弟要娶嫂子为妻子。党项族更为杂乱，父亲死后可以娶庶母；伯、叔死后可以娶伯、叔母；兄长死后可以娶嫂子；儿子、弟弟死后也可以娶儿媳、弟媳。李唐皇帝具有鲜卑血统，又深受入居长安的众多突厥酋长的影响，因此其婚俗也带有胡风。

也许此刻你想要诟病是少数民族的落后拖了大唐的后腿，其实不然，原始淳朴的少数民族思想也通过另一种形式铸就了大唐盛世。受胡文化及胡族血统的影响，唐代统治者在处理与少数民族的关系时，摒弃了儒家传统的"华夷之辨"学说，提出"华夷一体"的观念。"华夷之辨"是指从以中原为中心或以汉族为中心的华夏传统文化出发，把少数民族和外国人一概称为"番胡""夷狄"，强调华夷之别，宣扬"非我族类其心必异"的主张。唐朝统治者的夷狄观与之相比则显得高明得多、柔和得多。唐太宗晚年曾对自己一统天下的经验进行了总结，他说："自古皆贵中华、贱夷狄，朕独爱之如一，故其种落皆依朕如父母。"唐太宗认为以前中原王朝轻视少数民族和外国人的观念是错误的，中国人与外国人、汉族与周边少数民族都应该是平等的，也都应该得到同样的国民待遇。这种观念成为唐代统治者处理少数民族及涉外事务的指导思想，被史家称为"华夷一体"观念。这种民族认识上的不偏不倚体现了一种博大包容的宽阔胸怀，反映出唐代统治阶级的国家观和天下观已经不再局限于中原和华夏，而是一种囊括中原和四夷在内的大一统的观念。唐太宗是"华夷一体"理论的集大成者，也是这一理论的实践者。他通过与少数民族政权间的通好、和亲、互市、册封、结盟以及建立羁縻府州等，大大减少了汉族和少数民族间的隔阂，进一步加强了各民族之间的联系，增强了边疆各族人民的向心力。例如东突厥灭亡后，唐太宗并没有在突厥故地设置州县，实行与内地一样的制度，而是在突厥故地实行羁縻州制：保全原有的部落，仍由当地民族大小首领担任都督、刺史等。加封突厥贵族为将军、中郎将等。其中五品以上的突厥武官达到一百多人，几乎占了朝廷的一半，在朝廷上随处可以看见突厥人身着官服，参与唐人的政治生活。保留原有的社会制度、生活习惯及风俗，仍以畜牧业生产为主，继续草原人那种大碗喝酒大口吃肉的风俗传统。这样，突厥首领也分别得到任用和安置，突厥风俗习惯得到了保留，对于安抚内迁的突厥部众起到积极意义。

　　唐太宗的民族政策大大提高了唐朝中央政权的威望。东突厥灭亡以后，逃到高昌的突厥人听说唐王朝对那些归降的突厥人待遇优厚，便又重新回来归附唐王朝。唐朝的民族政策跨越层层自然界限，到达了"世界屋脊"，如在青藏高原地区，汉族与吐蕃族联系密切，通过文成公主、金城公主的和亲，建立起舅甥之国。开元十七年（729），吐蕃赞普尺带珠丹向唐玄宗上表，说："外甥是先皇帝舅宿亲，又蒙降金城公主，遂和同为一家，天下百姓，普皆安乐。"到穆宗朝，唐与吐蕃缔结友好条约，双方强调要"患难相恤，暴掠不作"。长庆三年（823）在拉萨建立的《唐蕃会盟碑》，至今仍屹立在大昭寺门前。为唐朝效力的少数民族将领也得到了唐朝统治者的重视。如阿史那社尔一次随唐太宗出兵，被敌人打伤，唐太宗亲自照顾他，为他敷药，还让他回去探望他的母亲和弟弟。唐太宗的"华夷一体"在民族关系上取得了较为丰硕的成果。630年三月，西域和北部边疆各族的君长来到长安，他们要求唐太宗做各族共同的首领天可汗。唐太宗说："我是唐天子，还要处理可汗的事吗？"群臣和各族君长都高呼万岁。从此，唐太宗不仅是唐朝的皇帝，还是各民族的天可汗。贞观二十三年（649）唐太宗逝世，在朝廷做官的和前来朝贡的少数民族首领听了这个消息，都悲痛得放声大哭，有的甚至剪去头发，用刀划破面孔，割去耳朵，鲜血流了一地。阿史那社尔和契苾何力闻讯赶来，请求杀身殉葬。松赞干布也上书效忠说："先皇晏驾，天子新立，巨子有不忠的，我将率兵赴难。"这些事例表明唐太宗民族政策的成功。

二、华夷一体篇：虚怀堪纳万邦臣，圣德可迎八方客

"华夷一体"观中的"夷"不仅指周边少数民族，还包括外国。唐王朝设立了鸿胪寺、礼宾院和典客署，专门

负责接待各国的使节和宾客，还在缘边之地设立互市监、市舶使掌管对外贸易，为了促进对外交流和国际贸易，给予外国人超国民待遇。文化上大批接纳少数民族政权贵族子弟和外国留学生入唐学习，甚至允许其进入唐国家最高学府——国子监，并享受衣食优待。唐王朝还为外国留学生专门设立了宾贡科，考中者称宾贡进士，可入仕做官。唐代时期的涉外婚姻也相当自由，在人员往来和居住方面也相当自由。

以中日交流为例。当时的日本遣唐使之所以能够顺利、高效地完成对中国文化的学习、吸收，与隋唐朝野上下的盛情相待是分不开的。唐代各级政府信守睦邻友好的民族传统，对踏上大唐国土的使团成员都盛情相待。有关州府一旦得知日本使团抵达中国后，马上将他们迎进馆舍，一面安排好食宿，一面飞奏朝廷。地方政府派专差护送获准进京的使团成员去长安，途中一切费用均由唐朝政府负担。到达长安后，有关政府官员相迎，并以酒脯慰劳；其他的人员在相关官员的引领下，下榻于专门接待外国使节的礼宾院，由特设的监使照料他们的衣食住行等；最后是谒见皇帝，接受赏赐。有时为表示特别欢迎，唐皇还令画师为大使画像做纪念。

这些遣唐使臣在长安和内地一般要逗留一年左右，可以到处参观访问和购物，充分领略唐朝风土人情，其间使团成员的食宿衣着由鸿胪寺卿负责，每人给绢 25 匹，定期给口粮。随使团前来的留学生大多到唐朝最高学府国子监学习，一经入学，衣食住行等全由唐朝政府提供。学有所成的日本留学生（僧）还会受到奖励和重用，如留学僧空海在青龙寺学习真言密宗，品行端正，学业精进，被破格施以灌顶，赐法号"遍照金刚"，并被指定为密宗的第八代祖师；阿倍仲麻吕深得唐玄宗、唐肃宗的信任，在唐官至从三品秘书监。

遣唐使归国前照例有饯别仪式，设宴畅饮，赠赐礼物。唐朝政府还提供返回途中的费用，最后遣唐使一行由内使监送至沿海，满载而归。留学生吉备真备等人归国之时，唐玄宗还特地派遣鸿胪寺卿为之办理回国手续，另赐御诗。除了官方政府，唐代民间人士、文人学者也对日本来使真诚相待，许多中国学者、僧侣与留学生（僧）建立了深厚友谊。吉备真备在唐朝学习了 17 年；阿倍仲麻吕自 19 岁来唐，在中国生活了 54 年，终生在唐为官，与李白、王维、储光羲等文人建立了深厚的友谊。日本留学僧游历各地寺院时，也受到各地寺院的热情接待。空海在长安收集经典、打造法具、摹写佛画都得到了长安人民和技师的帮助。唐朝也有一些文人、僧人去日本传播中国文化。其中高僧鉴真一行，对日本影响最大。

"华夷一体"观念也被士人所推崇，王勃、李白、岑参的诗文中都有表述。"初唐四杰"之一的王勃有多篇文章都表达了"华夷一体"的观念。从《梓州通泉县惠普寺碑》"鹈鹭同归，华夷共聚"到《拜南郊颂》"遂均夷夏，迭用柔刚"，都可以体会到王勃所主张的"华夷一体"观念。李白胸襟同样开阔，他的《幽州胡马客歌》歌颂了一个保卫大唐帝国的胡人："幽州胡马客，绿眼虎皮冠。笑拂两只箭，万人不可干。弯弓若转月，白雁落云端。双双掉鞭行，游猎向楼兰。出门不顾后，报国死何难。"在夷夏混同观念影响下的盛唐边塞诗着意表现民族之间和睦相处的情形。如岑参《凉州馆中与诸判官夜集》："弯弯月出挂城头，城头月出照凉州。凉州七里十万家，胡人半解弹琵琶。琵琶一曲肠堪断，风萧萧兮夜漫漫。河西幕中多故人，故人别来三五春。花门楼前见秋草，岂能贫贱相看老。一生大笑能几回，斗酒相逢须醉倒。"这首诗写作者赴北庭途经凉州在河西节度府做客，与老朋友欢聚宴饮的景况。

"七里十万家"大笔淋漓地勾画出凉州这座西北重镇的气派和风光。凉州地处边塞，居民中少数民族很多，他们能歌善舞，多半会弹奏琵琶。这里写出了凉州城的歌舞繁华和胡汉和平相处、安定生活的情形，同时带着浓郁的边地情调。"华夷一体"不仅受到统治者、士人的推崇，唐人更是这一理论的实践者。

在唐笔记小说中，记载有一些外国人在弥留之际将儿女、珠宝等托付唐人，唐人不贪财色，妥善处理所委之事的故事。其中一个是关于一位西方商人的故事。兵部员外郎李约乘舟沿江而下，与一位胡商同行了多日。胡商长得高鼻深目，极为魁梧，是从西方过来做生意的，两人相谈甚欢，结伴而行。胡商有两个女儿，是具有异域风情的绝色少女，而且正值妙龄，对李约很尊敬。一天胡商病重，李约去探视他。胡商自知自己不行了，就把身后事托付给了李约。他告诉李约要照顾好自己的两个女儿，让她们过上幸福的生活。为了报答李约，胡商将自己珍藏多年的夜明珠送给了他。胡商死后，李约将胡商经营多年的丰厚财产进行了整理，将这笔财产放到官府封存。李约并没有打那两个绝色美女的主意，而是尊重她们的意愿，把她们许配给了稳妥的人家。胡商下葬的时候，李约趁没人看见的时候将夜明珠放进了胡商的口中，当时的人都不知道这事。过了很久，胡商的亲戚来料理后事。李约将其带到官府，取回了封存的财产。胡商的亲戚怀疑李约私吞夜明珠，尽管胡商的女儿告诉亲戚夜明珠已经送给了李约，但是胡商的亲戚还是把李约告到了官府。李约到了官府说出实情，在官府的监督下，在故去的胡商棺木中找到了夜明珠，胡商的亲戚感到惭愧不已。

可见，胡人来到唐朝，受到了唐人的热情接待，消除了陌生感，从而能够在唐朝成就自己的事业。在唐朝，来自异域的艺术家在宫廷表演胡乐、跳胡舞，还有的在走江湖卖艺；宗教徒们有的在翻译经文，有的在巡礼圣迹，有的在游学问道；旅游者饱览中华锦绣河山、风土人情，撰写游记；经商者有的兜售珠宝、珍禽异兽，有的经营酒肆，发财致富……还有一些人，或以武功为将，或以专长待诏翰林，或为人效劳。这些外国人建宅买田，娶唐女为妻，子孙相承，滞留于唐，多者数十年，有的甚至终老于唐。他们与唐人一起成就了唐朝的盛世，这些都是"华夷一体"观念的影响。

第二节　包容观

一、圣君良臣篇：翠涛千日醉不醒，醽醁十年味不败

中国古代皇帝拥有至高无上的权力，自命为"真龙天子"。传说龙喉下有逆鳞，凡抚摸的人就要被杀，因此批评皇帝也叫"犯龙鳞"，后果很严重。历史上忠臣很多，贤明的君王也不在少数，可是忠臣遇上贤君的概率可就没有那么大了。在唐代，就有这样一位大臣，不畏惧"犯龙

鳞"，敢于直言，勇于谏诤，他经常弄得皇帝颜面尽失，但幸运的是皇帝不但不恼怒，反而从谏如流，结成了历史上的圣君良臣，这就是唐太宗与魏徵千古难遇的君臣情谊。一千多年来，这段君臣之谊在史海上空经久不息地传颂着，为后世君臣所效仿，为人们所赞美。

在这段君臣之谊中，唐太宗的包容起到决定作用，如果没有唐太宗的包容，恐怕就不会有魏徵的存在。类似于某些电视剧的剧情设计，他们的关系是从死对头开始的。玄武门之变后，有人向秦王李世民告发，太子李建成东宫有个官员，名叫魏徵，曾经参加过李密和窦建德的起义军，李密和窦建德失败之后，魏徵到了长安，在太子李建成手下做事，还曾经劝说建成杀害秦王。秦王李世民听了，立刻派人把魏徵找来。见了魏徵，秦王板起脸问他说："你为什么在我们兄弟中挑拨离间？"左右的大臣听秦王这样发问，以为是要算魏徵的老账，都替魏徵捏了一把汗。但是魏徵却神态自若，不慌不忙地回答说："可惜那时候太子没听我的话，要不然也不会发生这样的事了。"秦王听了觉得魏徵说话直爽，很有胆识，不但没责怪他，反而和颜悦色地说："这已经是过去的事，就不用再提了。"唐太宗的包容使得魏徵的直谏得以充分发挥。魏徵常当面指出唐太宗的一些不当行为和政策，并力劝他改正，唐太宗对他颇为敬畏，常称他是"忠谏之臣"。一天，唐太宗得到一只雄健俊逸的鹞鹰，他让鹞鹰在自己的手臂上跳来跳去，赏玩得正高兴时，魏徵进来了。唐太宗害怕魏徵提意见，回避不及，赶紧把鹞鹰藏到怀里。这一切早被魏徵看到，他禀报公事时故意喋喋不休，拖延时间。太宗不敢拿出鹞鹰，结果鹞鹰被憋死在怀里。唐太宗宁可失去心爱之物，也不敢叫魏徵抓住他玩物丧志的小辫子，这是唐太宗虚怀若谷、知错就改的气度。魏徵一向犯颜直谏，撞了南墙也不回头，使得唐太宗有时对他也有敬畏之心。有时候，唐太宗听得不是滋味，沉下了脸，魏徵还是照样说下去，叫唐太宗下不了台，但唐太宗还要忍下去。

有一次，唐太宗兴致突发，带了一大群护卫近臣，要去郊外狩猎。正待出宫门时，迎面遇上了魏徵。魏徵问明了情况，当即对唐太宗进言道："眼下时值仲春，万物萌生，禽兽哺幼，不宜狩猎，还请陛下返宫。"唐太宗当

魏徵画像

时兴趣正浓，心想："我堂堂一个富拥天下的天子，好不容易抽时间出去消遣一次，就是打些哺幼的禽兽又怎么样呢？"于是请魏徵让到一旁，自己仍坚持要出游。魏徵却不肯妥协，坚决拦住唐太宗的去路，唐太宗没有办法，只得返回宫中。事后，每次出去狩猎，唐太宗总是小心翼翼，害怕魏徵知道后阻拦自己。还有一次，唐太宗想要去秦岭山中打猎取乐，行装都已准备妥当，但却迟迟未能成行。后来，魏徵问及此事，唐太宗回答："当初确有这个想法，但害怕你又要直言进谏，所以很快又打消了这个念头。"贞观十七年（643），直言敢谏的魏徵病死了。唐太宗很难过，他流着眼泪说："一个人用铜做镜子，可以照见衣帽是不是穿戴得端正；用历史做镜子，可以看到国家兴亡的原因；用人做镜子，可以发现自己做得对不对。魏徵一死，我就少了一面好镜子。"这就说明唐太宗虽然是封建时代的君王，但是他对待人才的态度绝非寻常帝王可比，也正是唐

232

太宗的包容才创造了贞观盛世。

有包容之心的帝王不仅限于唐太宗一人，唐代统治者大都具有包容之心，海纳百川为己用。唐初著名文人骆宾王很久做不成官，到处找不到突破口，于是他就参加了徐敬业讨伐武则天的起义军，写了著名的《为徐敬业讨武曌檄》，这个檄文从武则天的祖宗八代骂起，然后骂到武则天的生活淫乱等，武则天看过以后反而说"写得好"，还说这都是宰相选拔人才失职，这人要是为我所用，那得有多大用处啊！这说明她不仅肚量大，还具有极深远的政治眼光。

白居易的《长恨歌》写得缠绵悱恻、动人心弦，以"汉皇重色思倾国"来影射唐玄宗，这在其他朝代实在是不可想象的。白居易写《长恨歌》的时候 34 岁，当时在陕西周至县做县尉。这首诗写完之后不胫而走，流传于大江南北。唐玄宗的后世子孙唐宪宗并没有惩罚他，而是觉得他很有文采，就把他招入宫中做翰林学士。杜甫的诗文在内容上也能表现出唐代统治者的宽容与大度。著名的"三吏""三别"反映的是广大人民在残酷的兵役下所遭受的痛楚。《自京赴奉先县咏怀五百字》则一针见血地揭露了封建社会剥削者与被剥削者之间的阶级对立这一根本矛盾："朱门酒肉臭，路有冻死骨！"如此不留情面的揭露，统治阶层若没有一些肚量是不会容忍的。

二、万国容篇：太平年万国来朝，外国客侨区自治

包容的政治环境带来了大唐帝国的繁荣，大唐帝国的繁荣又吸引着番邦来华学习先进文化。唐统治者对外籍人也实行一贯的包容政策，从而进一步催生了盛世局面的形成。唐政府允许外国人长期在唐朝生活。波斯人在唐朝的生活是外国人在唐朝生活的一个缩影。

提起波斯，人们往往直接和现在的伊朗画上等号，但是历史上的波斯帝国比现在的伊朗要大得多，占据着西亚和中亚地区。7世纪前，萨珊波斯是西亚和中亚地区无可争议的一霸。在罗马帝国迁都君士坦丁堡（今伊斯坦布尔）后，萨珊波斯更是长期与东罗马战战和和，争取西亚地区的统治权。从贞观六年（632）开始，萨珊波斯逐渐为阿拉伯蚕食，永徽二年（651）波斯王伊嗣俟三世被杀，波斯灭亡。伊嗣俟三世的儿子卑路斯逃到唐朝组成流亡政府，准备复国。即使在唐朝的帮助下，卑路斯及其儿子泥涅斯的

复国运动却都没有成功，最后客死中国。唐政府对卑路斯及泥涅斯实行优养政策，以波斯王礼仪接待他们，将他们的使者当作大国使者来接待，给他们授以禁卫大将军的职衔，让他们得到丰厚的物质待遇，享受愉悦的精神盛宴。卑路斯的流亡政府还包括萨珊波斯的贵族，因为萨珊波斯的灭亡，他们大多数都留在唐朝，为唐朝效力，得到了唐政府的优待。乾陵六十一番臣像中的一位"波斯大首领南昧"，应当就是卑路斯流亡政府的成员之一。唐朝允许外国人在唐朝娶妻、生子、置办田宅，保护他们的利益，他们很快融入唐文化，成为名副其实的中国人。唐政府不仅容留波斯人在唐朝长期居住，还容留其他各色人种来华居住。以阿拉伯人为例，唐朝不会因阿拉伯人与波斯人有矛盾而偏袒波斯人，疏远阿拉伯人，唐朝对阿拉伯人与波斯人一视同仁。据《旧唐书》记载，永徽二年（651）到贞元十四年（798）之间，阿拉伯人遣使39次来唐都得到了唐朝的热情接待。使者会得到唐朝赏赐的礼物，会得到"郎将""禁卫将军"的官衔，使者出使沿途都有地方官招待，食宿免费。安史之乱后，阿拉伯的阿拔斯王朝派遣军队来到中国，帮助唐军平叛。战争结束后，这批阿拉伯军人不愿意回去了，就留在中国安家落户。无论是何种人种，只要愿意留在中国，唐朝政府都会保护他们的利益，这是唐政府政治优容的表现。

萨珊波斯灭亡后，波斯商人也随之来到中国。唐政府为了保护他们的利益，在经营方式、经营内容方面实行比较宽松的政策，使得波斯人能发挥自己的长处来生财。唐代笔记小说中记载波斯人善于经商，尤其精于识宝，往往不惜重金以求宝，最终均会得手。民间流行有"不相称"语，其中的"穷波斯"与"先生不认识字"并列，是说波斯商人根本不可能穷。文献记载除了一些大都市的波斯邸店外，这些波斯商人并不始终固定于一个地点，而是到处找宝。他们长期活跃在唐代长安、洛阳、扬州、广州等城市，湖北、四川也有他们的足迹。唐代政府规定实行开放式的货币政策，很多境外货币可以在唐代流通，这也是波斯人在中国各地留下足迹的原因。

唐政府尊重波斯人的习俗和信仰，允许他们设立本民族信仰的寺庙。在波斯人聚集的唐朝都城长安和洛阳城内，都有祆祠。就目前所知，长安的祆祠有 5 座，分别分布在布政坊、醴泉坊、普宁坊、崇化坊、静恭坊。洛阳则有 4 座，分别分布在立德坊、修善坊、会节坊和南市。这种宗教上的包容政策是面向所有在华外籍人士和宗教徒的。起源于祆教的摩尼教在唐朝也得到了迅速发展。唐代宗大历三年（768），长安正式设置大云光明寺，作为祆教的宗教场所。不久又在荆州、扬州等地分别设置大云光明寺一所。元和二年（807），唐宪宗批准河南府、太原府共同设置摩尼寺 3 所。

景教的传入则具有传奇色彩。唐太宗贞观九年（635），宰相房玄龄在长安城外准备主持一场盛大的欢迎仪式。宰相出城门接待，可以想见待遇有多高，而且这次接待也惊动了当时的皇帝李世民。李世民正在皇宫内翘首以待，满怀兴奋。需要接待的这个人是一位大德，当李世民听说大德携带真经来到长安以后，立即让房玄龄去接他。这位大德不是唐玄奘，因为玄奘法师此时正在印度的那烂陀寺进修，忙于写毕业论文呢。进入长安的大德叫阿罗本，来自叙利亚，是基督教中聂斯托利派的宗教徒，他带的真经不是佛经是圣经。阿罗本得到了唐朝皇帝李世民的接见，他向皇帝进献了圣经和圣像，讲述了上帝创造天地、人类原罪、耶稣降世等故事。李世民没听懂，不过他态度不错，准许阿罗本留在长安翻译经典。3年以后，阿罗本将一部分圣经译成了中文。李世民看过以后，觉得没什么大问题，便下诏正式准许传教，并在义宁坊划出一片地来，兴建了一座教堂——这是中国有记载的第一座教堂，距离耶稣出世已经过去了638年——称为波斯寺，后又改名叫大秦寺，除了阿罗本以外共有信徒21人。景教就这样在大唐立足并迅速流传开来。阿罗本擅长走政府路线，到了唐高宗时，他已经贵为镇国大法主。安史之乱中，郭子仪帐下就有一位景教徒名叫伊斯，在平乱中立下大功，被赐紫衣袈裟。他得势后，景教有了更大的发展。到了建中二年（781），伊斯决定在大秦寺的院中立下一块石碑，在碑文里对景教传播事业做一个阶段性总结，命名为"大秦景教流行中国碑"。他在碑文中讲述了基督教的基本教义，比如创造天地、伊甸园、亚当夏娃的原罪道成肉身等，以及传入中国的辉煌历程。这块碑被保存在西安碑林博物馆，有兴趣的人可以前往一观，一睹盛唐海纳百川的宗教气象。阿拉伯的伊斯兰教在唐代也得到了较快的发展。这些外来宗教的传入，使得宗教徒有了精神栖息之所，也促进了文化交流及传播。

唐政府允许在华外籍人有固定的聚居区，拥有自己的墓地。唐政府在番商比较集中的广州、扬州、泉州、明州、楚州、洛阳、长安等地都设立"番坊"，作为番商居住、商贸区，让番商在番长领导协调下实现自我服务、自我管理，充分享有经济文化司法方面的自主权。

9世纪中叶，大批朝鲜侨民居住在山东、苏北沿海一带，这里出现了许多新罗坊，是新罗人在唐朝的聚居区，其实就是早期的租界。楚州（今江苏淮阴）新罗坊就是一个典型。楚州位于大运河与淮河的交汇处，连接的河流较多，新罗人大多通过海路到达中国，因此很快便选择在这里聚居生活。楚州新罗坊的规模很大。圆仁法师雇用新罗人的海船，一次就从楚州新罗坊雇用了9条船，并雇用熟知海路的新罗向导60多人。他们造船、修船、航海的技术和能力在当时是具有国际先进水平的。一次可以雇水手

60 余人，难以想象一共有多少水手，如果加上修船造船的木工、铁工、油漆工等匠人，还有行政管理、信息联络及配套服务等方面的人员，当年的楚州新罗坊的新罗侨民一定是非常多的。在这个侨民区内，应当有相当规模的修船造船的场地，还有能停泊许多海船的船坞。因此，它的规模一定是非常大的。新罗坊的侨民有的务农，有的经营水运，有的经商，有的成为雇工，有的传教，经营着各色他们可以自由经营的事务，可以选择自己的婚姻，可以选择自己的信仰，可以建造房屋，可以建造自己的墓地，他们无时无刻不感受到唐政府的优待和包容。唐政府对外籍人士的包容使得他们如归故里，有些人甚至不愿意回到家乡而愿意成为真正的唐人。安史之乱后，河陇地区被吐蕃占领。在长安城的西域使者归乡之路被断绝，他们的给养全依靠鸿胪礼宾院。唐德宗时的宰相李泌派人调查后，知道他们留居长安，时间长的达 41 年，都娶了长安城内的汉族女子为妻，并购买了田地、房屋。李泌说："外籍人在长安待了几十年不让他们回去是没有道理的，他们可以借道回纥，也可以通过海路回家乡，不愿意回的就告诉朝廷，将由朝廷统一安排。"结果竟然没有一个人愿意回家。

第三节　开放观

一、择偶观篇：宫娥蓄意多添线，战袍含情更著绵

　　电视剧《甄嬛传》中的宫女崔槿汐与太监苏培盛为打发寂寞结成"对食"关系，受到了皇帝的责罚，后来甄嬛游说其中，端妃娘娘的一句"不聋不哑，不做家翁"让皇帝不再耿耿于怀，机缘巧合之下由皇帝赐婚，结成了夫妻，结局完美。"对食"在历代宫廷中都普遍存在，是多数宫女的感情归宿。在等级制度森严的宫中，这些如花似玉的宫女们没有任何权利去追求爱，既没有温馨的父母之爱，也没有浪漫的情侣之爱，宫中除了皇帝，只有那些徒有男人外表的太监们了。"天阶夜色凉如水，卧看牵牛织女星。"她们百无聊赖，毫无生趣，光阴在她们身上如镣铐似枷锁，只有那一日日的煎熬，一夜夜的等待，没有希

望的等待。她们甚至会羡慕天上的牛郎和织女，至少七夕还能团聚一次。为了寻找爱情的温暖和安慰，宫女们通常会和太监结成"对食"或者"菜户"。然而在开放的唐朝，这些宫女要幸运得多，她们可以找到自己的爱情。开元年间，唐玄宗让宫女们连夜赶制了一批御寒的棉衣，他要拿来赏赐给边疆的士兵。宫女们日夜操劳，棉衣很快到了边塞将士的手中。有一位士兵在棉衣中发现了一首诗，上面写着"沙场征戍客，寒苦若为眠。战袍经手作，知落阿谁边。蓄意多添线，含情更著绵。今生已过也，结取后生缘"。士兵发现了这首情意浓浓的诗后，不敢怠慢，立即报告给主帅，很快唐玄宗就知道了。唐玄宗让宫女们传阅这首诗。一位叫佩兰的宫女承认是自己写的，她知道犯了规矩，愿意以死谢罪。不料唐玄宗发了慈悲，谕旨赐婚。就这样，在深宫中独守寂寞、空虚、寒冷的宫女找到了爱情的归宿。

宫外的女性在这方面的表达则更为突出。她们可以自由择偶，不用在意传统婚姻观念的羁绊。唐朝宰相李林甫的小女儿李腾空就是个典型。李林甫身为宰相，必然宾客盈门。每当家里来了客人，尤其是青年俊杰，李腾空都要窥视。她在客厅的墙壁上挖个洞，用画卷挡上，每当有俊秀青年登门，自己便在一旁偷窥。如遇到合眼缘的男子，便让李林甫留下男子作陪吃饭。唐朝吃饭都有歌伎表演和文艺表演。李腾空舞蹈和音乐基础都很好，自是一番表演来接近俊秀青年。李白就是李腾空偷窥爱慕上的，李白因为讨厌李林甫贪婪和排挤文人的作风，尽管与李腾空关系暧昧，终究没有娶李腾空。唐代女性不仅可以自由选择自己的爱情和婚姻，还可以随心选择喜欢的衣服，可以随心装扮成喜欢的样子，可以自由安排自己的游玩和旅行，可以随性表达自己的情绪，可以不受拘束地追求自己的个性……这些与古代传统的"笑不露齿、行不摇头、坐不露膝、站不倚门"的女性形象是格格不入的，是唐代社会开放的结果。这种开放不单单是对唐代妇女而言，而是一种全面的开放。唐朝的对外关系也植根于这种开放体系。

二、开放气度篇：帝苑吞吐开明风，彤阶迎送礼仪客

唐政府重视对外来使节的接待工作。凡是派遣使者来华的国家，唐政府都会礼貌地派遣使者进行回访。唐高祖武德四年（621），为答谢新罗国使者的到来，唐高祖派遣贴身秘书庾文素前往新罗回访，还带去了赐给他们的国书、屏风、丝绸彩缎等物品。唐朝与新罗的友好往来不断，据不完全统计，有唐一代289年，唐朝向新罗派遣35次使团，新罗是唐朝对外派遣使者最多的一个地区。印度也是唐朝派遣外交使节出访的重要地区，从贞观十七年（643）到显庆三年（658），唐朝先后3次派遣王玄策出使印度。贞观十五年（641），天竺王尸罗逸多遣使来朝，太宗诏卫尉丞李义表同行回访。尸罗逸多为报答唐王朝的礼遇，派天竺国大臣到郊外迎接，天竺城里的臣民夹道欢迎，在路上焚香祈祷，以最高礼仪来迎接唐朝的使者。

凡是来华的使者都会得到唐朝政府的热情接待，欣喜而来，兴奋而归。唐朝皇帝会亲自接待外国使者，共叙友好之谊。武则天长安二年（702），日本遣唐执节使粟田真

人率团来华，女皇武则天亲自在麟德殿设宴招待，中日友人共抒情怀。天宝十三载（754），日本遣唐使团藤原清河一行人要回国，唐玄宗为他们举行了隆重的欢送宴会，并在宴会上亲自作诗相送："日下非殊俗，天中嘉会朝。念余怀义远，矜尔畏途遥。涨海宽秋月，归帆驶夕飙。因惊彼君子，王化远昭昭。"这首诗字里行间充满了对中日两国友好往来的赞许之情。

来华使节也会得到很多的经济利益。据《旧唐书》记载：自永徽二年（651）至贞元十四年（798）间，大食国先后有39次派遣使者来唐，这群人既有哈里发派来的大使也有阿拉伯商人，他们借使节进贡之名为其商业活动寻求方便。因为当时的所谓进贡，实际是一种做买卖的方式。大食使节把礼物奉献给中国的皇帝，皇帝照例要回赐许多礼物，回赐礼物的价值有时要超过贡礼的价值。有的进贡"方物"的使节，不仅能得到国赐，而且还会获得"郎将""禁卫将军"的官衔。同时，进贡的礼物可以免纳沿途的商税，有时连进贡人私带的货物也可以只纳半税。进贡人可以得到沿途地方官的招待，食宿免费。阿拉伯商人

唐代章怀太子墓壁画《持鱼符内使图》

常常以进贡的方式把自己的货物如珠玉、香料、犀象之类带到中国贩卖，再把回赐的礼物运回阿拉伯，以此牟利。可以说，阿拉伯人来华是欣喜而来，兴奋而归。

唐代设立专门的接待机构，来统筹对外使节的接待工作。鸿胪寺是专门负责外国使节接待工作的机构。凡是与唐朝有朝贡关系的部族或国家，唐政府都会发给他们12枚雌鱼符，鱼符上面刻有番国的名字。来华朝贡，使节必须携带鱼符，正月来朝带一枚，二月来朝带二枚，三月来朝带三枚，依次类推。唐朝内部有存档的雄鱼符，进行核验，核验完毕后，使者的身份才算被接纳，使者才可以开始享受唐朝政府的优待。唐政府规定：不管是来自哪一个国家的使节，在华停留期间，都可以享受免费的交通和食宿待遇。为此，唐朝廷每年会从国库拨粮 13000 斛充作招待费。长安的 4 座城门附近都设有客馆，当外国使臣初到长安时，先在客馆中临时安顿下来。他们的食宿工作由鸿胪寺的典客署统一安排。番国进贡给朝廷的物品，在刚刚入境时，当地州、县要将它们装箱封印送到京城长安，并将物品的清单报给鸿胪寺。鸿胪寺验收后，会聘请当地鉴宝专家来确定物品的价格范围，便于将来放到市场上出售，也可以为朝廷回赠物品提供参考。使节回国，唐朝皇帝会在朝堂上赐给他们礼物，这些礼物由典客佐其受领，并教给他们拜谢的礼节。鸿胪寺也会组织相应的欢送仪式，回赠答谢礼物。咸亨三年（672），波斯被阿拉伯帝国侵占，波斯王卑路斯及其子泥涅斯来到长安客居，受到唐政府的妥善安置，后来他们都病死在长安。唐朝廷对各国使节与外宾，不分大国与小国、强国与弱国，一律以礼相迎、以礼相送，堪称"礼仪之邦"的典范。据文献记载，长安的鸿胪寺接待过 70 多个国家的外交使节，而且他们大多率领着庞大的外交使团，出现了"万国衣冠拜冕旒"的盛世景象。

（一）外来人士

唐朝对外来人士也实行开放政策。外籍人在华可以享受自治政策：唐朝在火祆教徒聚集区设立萨宝府来监管他们的利益，萨宝府职官由西域胡人中的火祆教徒来担任，掌管每年的拜火、祭祀胡天的祀典及各火祆祠、祆教徒的事务，是侨民自治的表现。对于登州等地的新罗村和扬州等地的新罗坊，唐政府专门设立了押衙和总管等官职进行管理，这些官职都由新罗侨民担任，负责具体的社区事务。外籍人在华可以享受教育红利。新罗人崔致远 12 岁入唐，18 岁中进士，他的《桂苑笔耕集》至今还在中朝两国流传。日本人阿倍仲麻吕随遣唐使来华，后来进入国子监学习，经 9 年的勤奋努力，以优异成绩考中进士，后来在唐朝做官。骆元光是波斯人，以勇敢多谋被选入宫廷，担任宫廷侍卫，后来领兵镇守潼关，升任镇国军（驻华州）节度使。大食人李彦升侨居中国多年，一次偶然的机会参加了唐代的科举考试，一举夺魁，成为唐宣宗时期的新科进士。这种开放的人才政策，使得唐朝的士大夫、僧侣以及各阶层民众与外国留仕于唐的学者、留学生、学问僧和海外贸易商人更能广为结交，对于促进中外经济、文化的交流起了很好的桥梁作用。

（二）商品贸易

唐代对外贸易也实行开放政策。货币政策是经济制度的核心环节，唐代允许境外的货币在国内流通，以此方便外国人在中国的经贸活动。为了鼓励外国人在中国经商，政府还通过减税甚至连基本的人丁税都予以全免的政策来降低他们的交易成本。一时间，长安、洛阳、广州等地居住了许多洽谈生意的外商。在唐朝的市场上可以购到四方珍宝。新罗的工艺品、药材等都大量输入中国，史称新罗"所输特产，为诸蕃之最"。当时中国成为亚洲各国经济文化交流的枢纽。许多波斯、阿拉伯和中亚的商人在中国定居下来，有的经营珠宝、香药，买卖丝绸，放高利贷；也有的开店出售胡饼、饆饠和波斯名酒三勒浆等。这些人都能够自由地出入唐帝国的国境。此外，唐代尊重外国人的习俗和信仰，允许他们在中国建立自己的寺庙，死后还能体面地葬在中国。唐政府优待外商的行为，推动了唐代对外贸易的发展与繁荣。

唐代的开放政策为世界文明的发展做出了贡献，外国使节、商贾、留学生、僧侣云集古都长安，钻研中国文化，传播外来文明；大唐文化徜徉于陆上丝绸之路和海上丝绸之路，飞越千山万水，为西欧和东洋送去属于大唐的热情和进步，为人类文明做出了卓越贡献。在日本至今还有不少事物名称仍冠以"唐"字，如"唐织""唐锦""唐锹"等。日本东京的"中华街"至今还保留着大量的模仿唐代建筑格式的建筑物。至今还有外国人称中国为"唐"或"唐山"，称中国人为"唐人"，把中国人在异国他邦居住的地方称为"唐人街"，足见唐代在国际上影响之深远。

（三）文化精神

唐王朝对外来文化能够采取兼容并包的开放政策，固然和统治集团本身与少数民族存在历史渊源有关，但更重要的是当时政治统一、国力强盛，故而充满了民族自信心。这种民族自信心使得我们的祖先对于自己的文化抱有极坚定的把握，决不轻易地动摇他们的自信心。同时对外来文化抱有极恢廓的胸襟与极精严的抉择，决不轻易地崇拜或轻易地唾弃。唐人的民族自信心表现为唐人博大的胸怀与自信开放的豁达气度。

李白的自信可以用"狂"来形容，他在给京城权贵的自荐信里说自己有很多优点，结尾的时候说："何王公大人之门，不可以弹长剑乎？"用现在的话说就是"此处不留爷，自有留爷处"。

唐代奇才员半千很长时间做不上官，很痛苦，他不给朋友写信，而是给当时的皇帝武则天写信。信中说：请陛下选5000个才子，让他们和我比写诗、策、判、笺、表、论等6种文体的公文，如果有一个人超过我，陛下您就杀了我。您要是感觉我可以胜任，就给我授官吧！我有满腔的治国建议要向您表达。如果您不听我的建议，我就烧掉笔墨纸砚，躲到深山老林去。天下才子会认为您不重视人才，您也招不到有真才实学的人了。

杜甫的祖父杜审言也是自信狂人。有一次杜审言生病了，病得很重，当时有几个很著名的诗人，也是他的好朋友，好心好意来看望他。他们问："病恢复得差不多了吧？"

杜审言说："别提了，老天爷不让我好活，没什么好说的。可是我老活着也不是个事，我老活着你们就挺压抑的，我现在终于要死了，你们终于可以松一口气了，但只恨没有合适的人代替我的位置。"这话说得多硬朗啊！或许对于大多数人来讲，这辈子都不会有勇气说出这样的话。朋友来看望他，他居然如此和朋友说话。杜审言官做得并不大，但是他说的是"我的才太高，活在你们身边，对你们来说简直太压抑"。不必忙着质疑这件事情的真伪，因为这事不是出自杂史小说，而是《新唐书》记载的。唐人的博大胸怀与自信开放的豁达气度造就了唐代文化精神，这种文化精神是有着世界主义的文化精神。国力强盛，版图辽阔，经济发达，文化既大胆拿来又讲送去主义，元气淋漓，色彩瑰丽。唐朝已经过去一千多年了，这种开放的文化精神在当今有了很好的延续和体现。我们坚定不移地实行对外开放的方针，不仅是当今客观形势发展的需要，而且也是人类社会历史发展的必然。对外开放有利于社会经济的发展，有利于吸收别国的文化精粹和科学技术，有利于中国走向世界，共同推进人类经济和文化的繁荣。

后 记

　　著名唐史专家杜文玉教授约请我们编写《开放的大唐》丛书中《万国来朝》一册，我们欣然接受，原因有二：一是笔者长期从事古代中外关系史、隋唐史的教学研究工作，对这一领域颇为熟悉，可以把自己的研究心得及学界的最新科研成果融入写作中去。努力了也就有收获，笔者认为本书最大的特色是：在尊重史料的基础上，将以往研究名家如陈寅恪、唐长孺、牛致功、杜文玉等海内外知名学者，以及我们自己的最新科研成果深潜其中，张琛申报的河南省软科学研究计划项目（142400411223）的研究成果亦得到充分体现，并娓娓道来，展现出大唐帝国对外交往的磅礴气势和生动画卷。二是大众史学发展的要求。长期以来，历史研究成为高冷的代名词，被锁在象牙塔内，不为大众所知。近年来，大众史学的兴起逐渐改变这一发展面貌，历史研究开始面向大众，通俗历史读物也得到空前发展。不过，仍有一些人出于商业目的，迎合一些受众的低级趣味，歪曲历史真相，哗众取宠。为纠正并杜绝这一现象，作为纯正的历史研究学者，我们责无旁贷。

　　接到任务后，笔者开始查找资料，梳理思路，动笔撰写，然而撰写过程并不顺利，对于习惯于用学术语言撰写学术论文的笔者来说，骤然转向用通俗语言演绎历史现象着实不太适应。第一章的初稿完成后，笔者的感觉仍然是学术论文，不是通俗读物，到第二章才渐入佳境，以后就适应了通俗读物的语言节拍，第三章、第四章几乎是一气呵成。李学勤先生说："要想真正做到面向大众，历史著作就必须在语言和结构上力求通俗化。"完成语言转变后，结构通俗化编排也面临着挑战。怎样才能摆脱学术论文写作远离大众的痼疾，步步吸引读者呢？我们设计每篇以历史小故事吸引读者，然后进一步演绎历史现象，在处理历史人物时注重性格的塑造和情感的描述，撰写历史事件时多用平民视角，注重因果联系及细节挖掘和刻画。经过几个月的努力，这本小书总算可以付梓，也算对我们自己有了一个交代。

杜文玉教授通读了这本书，并提出修改意见，对此我们表示衷心的感谢。感谢西安曲江出版传媒股份有限公司为我们提供这个机会，感谢为本书的出版付出努力的任晔编辑！

本书涉及隋唐史、民族史、对外关系史等诸多学科门类，头绪繁多，但篇幅有限，难能面面俱到，尽管我们下了很大的气力，可能仍会有不少的纰漏及谬误，祈请方家、读者批评指正！

张琛　拜根兴

2016 年 11 月 1 日